Leveraging Corporate Assets
New Global Directions for Business Archives

世界のビジネス・アーカイブズ

企業価値の源泉

公益財団法人 渋沢栄一記念財団
実業史研究情報センター 編

日外アソシエーツ

Leveraging Corporate Assets:
New Global Directions for Business Archives

Title in Japanese
Sekai no Bijinesu Akaibuzu: Kigyo Kachi no Gensen

Compiled by
Resource Center for the History of Entrepreneurship,
Shibusawa Eiichi Memorial Foundation

Published by
Nichigai Associates, Inc.

©Shibusawa Eiichi Memorial Foundation 2012

装 丁：赤田 麻衣子

『世界のビジネス・アーカイブズ』刊行にあたって

企業史料協議会

会長　歌田　勝弘

（味の素株式会社特別顧問　第7代代表取締役社長）

　2010年秋から準備の進んでいた国際シンポジウムが、2011年5月11日に盛況のうちに開催されましたことを、共催に名を連ねました企業史料協議会を代表し、まずはご同慶の至りと申し上げます。

　準備の段階であの未曾有の東日本大震災とそれに続く大津波、さらには福島原発事故という一連の大惨事が起こりましたことで、関係者のご心配とご苦労は激しく増したものと思います。事実、当初予定の講演者のうちにもご事情によるキャンセルがあり、一時は開催それ自身が危ぶまれる時期もありました。そのような中で、無事に開催され、大きな成果を挙げられましたことは、文字通り「災い転じて福」、記憶と記録に残る有意義なシンポジウムとなったと考えます。

　そしてこのたび、このシンポジウムを踏まえ、それに加えて世界各地でも顕著な成果を挙げているビジネス・アーカイブズの活動を紹介する書物が出来ましたことを、心より歓迎いたします。ビジネス・アーカイブズに焦点を当てた日本語で初めての書物であり、経営者をはじめ企業関係者にはぜひ手に取っていただきたいものです。

　手前味噌ですが、企業史料協議会が発足の1981年に英文名称を "Business Archives Association" と定めたことは、「アーカイブズ」という言葉が一般には通用していなかった当時としては、先見の明ありといえましょう。現在はメディアなどでも一般的に

使われるようになってきたことは、大変にうれしいことです。

今回、欧米、中国、インド、そして日本と世界各国の実践報告に接し、アーカイブズが経営の資源として、また、激変する経営環境への戦略的ツールとして有効であるとの意をますます強くいたしました。

「ビジネス・アーカイブズ」と表明するには、一方の側にある「官のアーカイブズ」との共通面と差異の両方が明らかにされなければなりません。国家の重要な記録を全て国として残し、後世にそれを歴史記録として伝えていく責任のある「官のアーカイブズ」と、企業が経営資産として後の経営者、社員の事業活動に資するべく残していく「ビジネス界のアーカイブズ」とは自ずと異なる点があると思います。またビジネス・アーカイブズが当該企業のためだけにとどまらず、経済界全体の歴史観、経済史研究のためにも役に立つことも付け加えなければなりません。

それが今日求められる企業の社会貢献（CSR）、社会への還元の一環といえ、その必要性が問われています。情報開示責任、説明責任、あるいは欧米風の訴訟社会到来に備えてのアーカイブズも、極めて重要なものです。しかしそれ以前に「ゴーイングコンサーン」としての企業には企業文化を貫くもの、つまりDNA―生物組織と違って放置していても自然に受け継がれる遺伝子ではないことから、むしろミームと呼ぶべきだと主張される学者もおられます―が脈々として流れていなければならず、その保持と全社員による共有化が、新しく直面するさまざまな困難への対応のために、なくてはならないものであるといえるのではないかと私は考えます。

経済性、効率性の追求はいうまでもなく企業の重要課題ですが、企業のアイデンティティーの確認こそが全社を挙げての取り組みの柱になる、欠くべからざるものです。企業のアーカイブズはそれを可能にするものであると思います。

従って、厳しい経済情勢にあってなお、将来のために大切に保

まえがき

存育成していかなければならないものだと思います。ともすると直接経済効果に焦点を当てがちになる経営者の発想に、ビジネス・アーカイブズの重要性への注目が増し加えられていくように、渋沢栄一記念財団はじめ関係諸団体と共に、企業史料協議会も先進諸国に学びつつ、今後も活動してまいります。

最後になりましたが、東日本大震災からの被災地、被災者の復興をお祈りしたいと思います。大災害がアーカイブズにもたらす有形無形のダメージと、それとは逆にアーカイブズが記憶を支え復旧復興の力になりうることについては、実践を通した今後の研究のテーマとなると思います。

目　次

『世界のビジネス・アーカイブズ』刊行にあたって
　歌田 勝弘（企業史料協議会会長、元味の素株式会社社長）………… iii
目次……………………………………………………………………………… vi
本書で使われている社名の表記について……………………………… viii

序　章　世界のビジネス・アーカイブズ
　　　　　—多様な価値を持つ、経営・業務に貢献するツール
　　松崎 裕子 ……………………………………………………………… 1

第一部　歴史マーケティングの力

第1章　より幅広い視野で
　　　　—歴史的事実に基づく広報活動への支援
　　ヘニング・モーゲン（A.P. モラー・マースク社、デンマーク）……15

第2章　フランスのビジネス・アーカイブズ、経営に役立つツールとして—サンゴバン社の事例
　　ディディエ・ボンデュー（サンゴバン社、フランス）………25

第3章　日本における伝統産業とアーカイブズ—虎屋を中心に
　　青木 直己（株式会社虎屋、日本）……………………………45

第4章　アンサルド財団
　　　　—アーカイブズ、トレーニング、そして文化
　　クラウディア・オーランド（アンサルド財団、イタリア）…………61

第5章　アーカイブズを展示することによる商業上の効果
　　ケイティー・ローガン、シャーロット・マッカーシー
　　（ブーツ社、イギリス）………………………………………71

第二部　ビジネス・アーカイブズと全国的戦略

第6章　資産概念の導入と中国における企業の記録管理へのその効果
　　王 嵐（中華人民共和国国家档案局、中国）……………………91

目　次

第 7 章　ビジネス・アーカイブズに関する全国的戦略
　　　　　（イングランドおよびウェールズ）
　　　アレックス・リッチー（英国国立公文書館、イギリス）………… 115
第 8 章　インド準備銀行アーカイブズ—歴史資源そして企業資産
　　　アショーク・カプール（インド準備銀行、インド）……………… 129

第三部　アーカイブズを武器に変化に立ち向かう

第 9 章　誇りある遺産—買収・統合後の歴史物語の重要性
　　　ベッキー・ハグランド・タウジー（クラフト・フーズ社、アメリカ）… 143
第 10 章　企業という設定のなかで歴史を紡ぐ
　　　　　—ゴードレージグループのシナリオ
　　　ヴルンダ・パターレ（ゴードレージ、インド）…………………… 155
第 11 章　合併の波の後—変化への対応とインテーザ・サンパ
　　　　　オログループ・アーカイブズの設立
　　　フランチェスカ・ピノ（インテーザ・サンパオロ銀行、イタリア） 185
第 12 章　アーカイブズに根を下ろして—IBMブランド形成に
　　　　　寄与する、過去の経験という遺産
　　　ポール・C・ラーサウィッツ（IBM社、アメリカ）……………… 197

第四部　アーカイブズと経営

第 13 章　企業のDNA—成功への重要なカギ
　　　アレクサンダー・L・ビエリ（ロシュ社、スイス）……………… 213
第 14 章　会社の歴史—化学企業にとっての付加価値
　　　アンドレア・ホーマイヤー
　　　　（エボニック・インダストリーズ社、ドイツ）………………… 229
第 15 章　地方史か会社史か—多国籍企業海外現地法人アーカ
　　　　　イブズの責任ある管理
　　　エリザベス・W・アドキンス（CSC社、アメリカ）…………… 245

あとがき　小出 いずみ ……………………………………………………… 262
参考：国際シンポジウム　プログラム …………………………………… 265
翻訳者プロフィール ………………………………………………………… 268

本書で使われている社名の表記について

世界各地の企業名が登場する本書では、社名の表記に予想外の困難を伴った。固有名はカタカナに直した場合、原語の音に近い表記が望ましいが、一方で、今回は主として英語からの翻訳であり英語表現を介している。また、実際に経済分野で通用しているカタカナ表記と当該の会社の日本語ウェブサイトの表記も微妙に食い違う。さらに会社名かどうか分かりにくいケースもあり、本書では会社名にはできるだけ「社」をつけることにした。日本を含む10カ国全体で、ある程度の統一を図るために下記の表記を用いている。

A.P. Moller - Maersk	A.P. モラー・マースク社
A.P. Møller - Mærsk A/S	A.P. モラー・マースク株式会社
A.P. Moller - Mærsk Group	A.P. モラー・マースクグループ
Maersk Archives	マースク社アーカイブズ
Maersk	マースク社
Saint - Gobain	サンゴバン社
Saint - Gobain Group	サンゴバングループ
Saint - Gobain Archives	サンゴバン社アーカイブズ
Blois Centre	ブロワ・センター
Ansaldo Company	アンサルド社
Ansaldo Historical Archives	アンサルド歴史アーカイブズ
Finmeccanica S.p.A.	フィンメッカニカ株式会社
Finmeccanica	フィンメッカニカ社
Finmeccanica Group	フィンメッカニカグループ
Ansaldo Foundation	アンサルド財団
Boots UK	ブーツ UK 社
Boots	ブーツ社
Alliance Boots	アライアンス・ブーツ社
Alliance Boots Group	アライアンス・ブーツグループ
Boots Archives	ブーツ社アーカイブズ
Reserve Bank of India	インド準備銀行
Reserve Bank of India Archives	インド準備銀行アーカイブズ
Kraft Foods	クラフト・フーズ社
Cadbury	キャドバリー社
legacy Cadbury	元のキャドバリー社
legacy Kraft Foods	元のクラフト・フーズ社
Kraft Foods Archives	クラフト・フーズ社アーカイブズ
Kraft	クラフト・フーズ社
Godrej	ゴードレージ
Godrej Archives	ゴードレージ・アーカイブズ
Godrej Group	ゴードレージグループ
Godrej & Boyce Mfg. Co. Ltd.	ゴードレージ＆ボイス製作所
Intesa Sanpaolo	インテーザ・サンパオロ銀行
Intesa Sanpaolo Group	インテーザ・サンパオロ銀行グループ
Intesa Sanpaolo Group Archives	インテーザ・サンパオログループ・アーカイブズ
IBM	IBM社(ブランドを指す、あるいはブランドも含むときは「IBM」)
Roche Group Holdings	ロシュグループ持ち株会社
Roche Group	ロシュグループ
Roche	ロシュ社
Roche Historical Collection and Archive	ロシュ歴史コレクション＆アーカイブ
Evonik Industries	エボニック・インダストリーズ社
Evonik Industries' Corporate Archives	エボニック・インダストリーズ社アーカイブズ
Ford Motor Company	フォード・モーター社
Ford	フォード・モーター社
CSC	CSC 社

序　章

世界のビジネス・アーカイブズ

多様な価値を持つ、経営・業務に
貢献するツール

松崎　裕子

1. 機能から捉えるビジネス・アーカイブズ

　ビジネス・アーカイブズには二つの意味がある。一つは企業が作成・収受した記録資料であり、もう一つは企業の記録資料を保存・管理・提供する機能（あるいはその機能を提供する部署・機関）である。企業の経済活動は社会生活の維持や繁栄の駆動力であり、市民生活にさまざまな影響力を及ぼすことから、歴史研究に関わる人々は、記録資料としてのビジネス・アーカイブズの価値とその保存・公開の必要性を長らく主張してきた。

　しかし近年私たちは新しい視点からビジネス・アーカイブズを考えるようになりつつある。それは企業と企業に関連する歴史研究あるいは歴史叙述のための典拠という価値に加え、企業組織自体にとっての価値、組織の経営・業務における価値、という視点からである。後者の中でも、とりわけ組織全体に関わるものとして重要なものは、企業の社会的責任（CSR）に関する価値である。

　2010年11月、全ての組織を対象とする社会的責任（SR）に関する世界初の国際規格 ISO26000 が発行された。同規格第4章の組織の行動様式に関わる7原則には、「説明責任」、「透明性」、「法の支配の尊重」が含まれる [1]。同規格では記録に関する要件への直接的言及はないものの、かねてより識者の間では適切な記録管理がこれらを担保するものであると指摘されてきている [2]。組織が適切に記録を保存・活用することは組織の歩んできた足跡を跡付ける証拠を残すということである。従って、説明責任を担保し、透明性を確保する観点から記録資料は社会的責任行動を確かなものとする価値を持つ。組織を構成する人は異動するものであり、時の経過とともに組織を離れ、また記憶は曖昧なものである。一方、記録資料は過去の事実を記録し固定する媒体であり、組織内外の求めに応じて、これまでの事業活動に関する情報を取り出すためには欠かせない。記録資料の適切な管理と保存・活用の問題

は、組織に対する信頼を左右する問題といえる。

　新しい視点のもう一つの特徴は、記録資料としてのビジネス・アーカイブズは多様な価値を持つ、経営・業務に貢献するツールである、という考え方である。創業の理念を伝え社員教育に欠かせない企業アイデンティティの源泉としての価値、過去の事業の失敗あるいは成功の記録から教訓をくみ取るための意思決定における価値、顧客の好みを記録しそこから新たなブランド、製品、サービスを創出するための価値、人材獲得や企業を広く広報するための素材としての価値があり、さらに、企業が存立する地域社会との協力・連携を記録し地域史編纂や地域おこしの資料として活用され得るといったさまざまな価値を、記録資料としてのビジネス・アーカイブズは持っている。

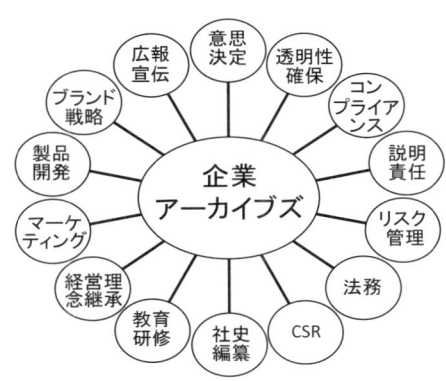

【図1】　ビジネス・アーカイブズの多様な価値

　この多様な価値は、機能としてのビジネス・アーカイブズの役割と密接に関わるものである。これまでの考え方は、主として記録「資料」に注目して、その保存・利活用を論じるものが大部分であった。しかしアーカイブズのもう一つの意味である、記録資料の保存・管理・提供・利活用といった「機能」から考えてみる必要性がある。

2. 組織アーカイブズとしての企業アーカイブズのミッション

　公益財団法人渋沢栄一記念財団実業史研究情報センターでは、2004 年度末に企業史料プロジェクトを開始した。最初に取り組んだプロジェクトは、ビジネス・アーカイブズの所在とその概要を調査し一覧化した「企業史料ディレクトリ」[3] の作成と公開である。調査は企業史料協議会事務局の協力を得て、同協議会会員にアンケートを配布しこれに答えていただくのに加え、実際にいくつかの企業アーカイブズを訪問して面接する、という方法で行った。この過程で日本を代表する企業アーカイブズの方から次のようなコメントをいただいた。

　「どのような形で公開するのでしょうか。社外には通常公表していない電話番号やメールアドレスも公開する必要があるのでしょうか。外部からの照会に対しては、それを主たる業務とする広報関係の部署が社内にあります。当方で直接、たくさんの方からレファレンスを頂いても対応できないのです。当方の主たる業務は、社史編纂のための資料の保存と整備であり、直接のレファレンスを前提にした人員配置ではないのです。直接対応してお客様（あるいは潜在的顧客）に失礼があってもいけないのです。公開の方法は大変気になります」

　記録資料としてのビジネス・アーカイブズは、記録の持つ証拠としての価値によって透明性確保、コンプライアンス、説明責任を担保し、CSR のための社会貢献的な価値、公益的な価値を持つ。他方、上記のような企業組織内アーカイブズの現場の人々のコメントから、その利用・公開のあり方に関する検討の必要性が明らかになった。これは企業内アーカイブズの公共性とプライベート性のバランスに関する問題であり、機能としてのビジネス・アー

カイブズの視点からの問題ともいえる。

この点に関して、2007年5月に開催された「日米アーカイブセミナー」(主催は同セミナー実行委員会とアメリカ・アーキビスト協会：SAA) におけるフォード・モーター社グローバル情報管理部長(当時。現CSC社グローバル記録・情報管理部門部長)エリザベス・W・アドキンスとクラフト・フーズ社グローバル・アーカイブズ・マネジャー (当時。現アーカイブズ・情報資源部副部長) ベッキー・ハグランド・タウジーによる共同報告「ビジネス・アーカイブへのアクセス：米国の場合」(原題サブタイトルを直訳すると「米国のアクセス哲学」) が方向性を与えてくれた。(同セミナーの報告内容は全文がSAAウェブサイトに掲載されているほか、日本では一般書籍として刊行されている[4]。)

「経営者は自社の歴史に学者やジャーナリスト、地域社会が関心を持つことを承知しているかもしれないが、そうした社会の関心自体はアーカイブ・プログラムの立ち上げやその後の維持の動機とはならない。アーカイブ・プログラムはあくまでも企業の事業目的達成を支援するために設置されるのである。

米国では企業アーカイブの評価選別、編成、記述、保存について政府による、あるいは助成金による支援はない。企業アーカイブにとって唯一の支援元は他でもなく自社企業である」[5]

企業内アーカイブズの第一次的利用者は企業自身(社内各部署)である。そして記録資料としてのビジネス・アーカイブズは企業の情報資源・資産である。機能としてのビジネス・アーカイブズは、組織の事業目的達成支援を主たる目的・ミッションとする。このミッション実現のためにも、資料の受け入れ・評価選別・編成・記述・保存・提供といったアーカイブズに関わる業務が求められるのである。

しかしながら、組織アーカイブズとしての企業アーカイブズは、

直接に利益を生み出す部署ではないことから、企業の事業目的達成支援の機能・役割が社内でよく理解され、その価値が認められていない場合、あるいは記録資料を適切に管理保存するスタッフがいない場合、省スペースの掛け声とともに記録が廃棄・処分されたり、資料担当者の人員が削減され、資料担当部署が廃止されるといったこともまれではない。逆に言うと、業務に貢献することを目に見える形で示していくことが、組織内部署としてのアーカイブズの存続、記録資料としてのアーカイブズの保存を確実なものとするのである。

3. 組織アーカイブズと収集アーカイブズ

この問題は「組織（内）アーカイブズ」と「収集アーカイブズ」の性格の相違の問題とも関連する。「組織アーカイブズ」とは in-house archives あるいは institutional archives といわれるもので、ある組織体の記録を保存するために組織内に設けられたアーカイブズである。「収集アーカイブズ」は collecting archives あるいは collecting repository と呼ばれるもので、記録が作成・収受された組織とは別の、外部の収集保存専門機関といえる。「組織アーカイブズ」は組織内の一つの部署として機能していることが普通である。この二つのアーカイブズ機関・機能の相違を図示すると【図2】のようになる。

	組織アーカイブズ	収集アーカイブズ
優先される目的	組織運営・業務支援組織ミッションへの貢献	さまざまな目的（研究、証拠、趣味など）に関する資料として提供
優先される利用者/公開ポリシー	組織内部	広く公開・利用

【図2】 組織アーカイブズと収集アーカイブズの目的・利用／公開モデル

序章　世界のビジネス・アーカイブズ

　組織アーカイブズと収集アーカイブズにおける記録資料の用途を再度図示して比較すると【図3】のようになろう。

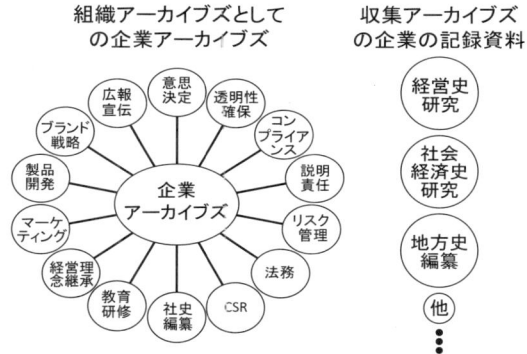

【図3】　組織アーカイブズと収集アーカイブズにおける資料の用途

　企業史料協議会に所属する機関には、両方のタイプの組織が含まれている。企業資料コレクションを所蔵する大学図書館・資料室などは「収集アーカイブズ」、企業内部の社史室などは「組織アーカイブズ」である。

　組織自体の消滅（例えば山一證券や東京銀行）や組織内でアーカイブズ部署が閉鎖されるような場合、あるいは社内で保持するより社外の「収集アーカイブズ」に寄贈・寄託することによるメリットを企業経営者が認める場合、企業の組織アーカイブズで所蔵されていた記録資料が「収集アーカイブズ」に移管され、保存と利用が保障されることもある。後者の例には、米国アップル社が創業者と創業期の記録資料をスタンフォード大学のシリコンバレー・アーカイブズに寄贈した例が知られている[6]。

　組織アーカイブズから大学図書館といった収集アーカイブズへの記録資料の移管は【図4】に示す通りである。

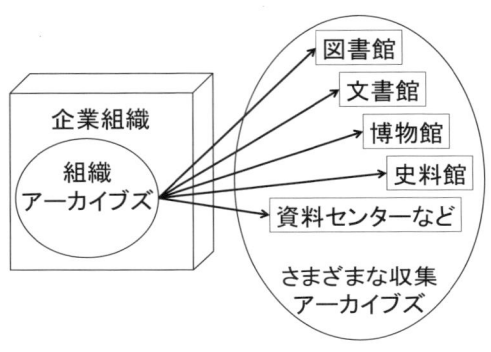

【図4】 組織アーカイブズから収集アーカイブズへの資料の移管

　収集アーカイブズにおける記録資料としてのビジネス・アーカイブズは学術研究をはじめとするさまざまな目的のために、広く公開・利用されることが一般的である。ビジネス・アーカイブズを記録遺産として後の時代に確実に引き継いでゆくためには、組織アーカイブズと収集アーカイブズの連携、企業とパブリック・セクターの連携も重要である。

　なお付言するならば、これまで組織アーカイブズとしての企業アーカイブズで所蔵される記録資料に関して「企業秘密の壁やプライバシーの壁に阻まれて外部に公開されにくい」[7]といった指摘がなされてきたが、この指摘を機能としてのビジネス・アーカイブズの観点から捉え直す必要があるように思われる。企業の記録資料は第一義的には企業の情報資源・資産であり、その利用も社内利用が優先されるものである。リスク管理という観点からアーカイブズへのアクセスに対して何らかのポリシーを持つのは責任ある態度とも言える。この点を押えた上で、時の経過とともに、記録資料としてのビジネス・アーカイブズは社外に対しても公開可能なものとなる、と考えることがアーカイブズ管理論としては合理的であると考えられる。記録資料としてのビジネス・アー

カイブズが「パブリックな歴史財産である」[8]として広く認識されるためにも、作成から公開までの期間を対象とした利用に関わる規則・規定類を整備していくことが今後の課題であろう。参考として一例を挙げるならば、自動車メーカーのフォード・モーター社アーカイブズでは、アーカイブズ所蔵の記録資料を、社内外を問わず誰でも閲覧できる公開資料、限定的公開資料、非公開資料に分類し、さらに取締役会議事録は作成から50年間は非公開といったように詳細な公開ガイドラインを作成している[9]。

4. 本書の内容

本書は2011年5月11日に公益財団法人渋沢栄一記念財団が主催し、国際アーカイブズ評議会（ICA）企業労働アーカイブズ部会（SBL）と企業史料協議会が共催した国際シンポジウム「ビジネス・アーカイブズの価値—企業史料活用の新たな潮流—」での発表を中心に、近年発表された優れた報告・論稿を加え、日本語に翻訳して1冊にまとめたものである。

日本ではこれまで企業資料というと、社史編纂の基礎資料と捉えられることが多かった。これに対して、国際シンポジウム「ビジネス・アーカイブズの価値」は企業資料には多様な価値があること、経営・業務に貢献するツールであること、そして企業の社会的責任行動に関わる利活用の事例を紹介・議論する機会として企画された。準備にあたっては、最近のビジネス・アーカイブズ活動のキーワードである「歴史マーケティング」「ストーリーテリング（物語を語ること）」「プロアクティブ（積極的であること）」といった考え方を具体的にどのようにアーカイブズ業務の中で活かしているか、その実例の紹介を報告者に依頼した。

「**歴史マーケティング**」とは、一言で言うならば、過去の記録に含まれる歴史情報を新しい事業に活用することである。顧客に支持されてきた、企業・商品・サービス・ブランドの歴史は、そ

れ自体が自らを他の企業・商品・サービス・ブランドから差別化するツールとなる、という考え方に基づいている。

「ストーリーテリング（物語を語ること）」とは、「会社の成長が社会にどのように貢献してきたのか」ということを物語として提示することである。このことはとりわけ働く人々にとって重要である。働く意味が明確に語られる時、その物語は人々の感情に働きかけ、前向きに働く意欲を引き出す力となることが経験的に知られているからである。「生きがい」「働きがい」といった人間の実存的問題とビジネス・アーカイブズは無縁ではない。

「プロアクティブ（積極的であること）」とは、アーキビストの業務に対する取り組み方に関する考え方である。資料の収集、整理、提供といった基本的な業務に加え、過去の記録に含まれる情報を基に、新たな商品・サービス・ブランドの開発に役立てたり、業務や社員教育の改善を積極的に企画・提案したり、あるいは各種メディア向けに経営・業務に役立つコンテンツを作成し、情報発信していくといった働きを積極的に行っていくことを指している。自社の記録資料の中身に精通した専門家であるビジネス・アーキビストに、近年とりわけ期待されているあり方である。

本書の第一部では「歴史マーケティング」の例を中心に、デンマークの海運大手 A. P. モラー・マースク社における広報活動へのアーカイブズの寄与、フランスのサンゴバン社のアーカイブズ運営モデル、営業活動にアーカイブズが貢献している日本の長寿企業株式会社虎屋、ビジネス・アーカイブズ収集に特化した非営利団体であるイタリアのアンサルド財団の事例、そしてアーカイブズを展示活動に生かすイギリスのブーツ社の事例を紹介する。サンゴバン社の「経済利益団体」としてのビジネス・アーカイブズの例は、他では例をみないユニークなビジネスモデルである。

第二部では、イギリスの公文書館を中心としたビジネス・アーカイブズ振興のための全国的な取り組み、中国における企業の記録管理の最近の動向、そしてインドの中央銀行におけるアーカイ

序章　世界のビジネス・アーカイブズ

ブズ業務を紹介する。パブリック・セクターとの連携、中央銀行といった公的企業におけるビジネス・アーカイブズの事例である。

第三部では、企業合併や経営陣の交代など企業が変化に直面したとき、アーカイブズがどのようにこの変化への対応をサポートしたのかを紹介する。取り上げるのは、米国のクラフト・フーズ社、インドのゴードレージグループ、イタリアのインテーザ・サンパオロ銀行、そして米国のIBM社の事例である。IBM社は2011年に創業100周年を迎えている。1993年の大幅な業績悪化（49億7,000万ドルの損失）以後、経営陣の交代を経て社内アーカイブズが同社のブランド戦略に積極的に関わった経験が紹介されている。

第四部では、経営全般に対してアーカイブズがいかに貢献をなし得るのか、その取り組みの実例として、スイスのロシュ社、ドイツのエボニック・インダストリーズ社を取り上げるほか、グローバル化した企業の海外現地法人の記録資料の管理に関する試論的論文を紹介する。特に14章のエボニック・インダストリーズ社の事例では、企業にとってマイナスの価値を持つような過去の経験に関する記録を適切に管理することによって、会社に付加価値をもたらすという考え方が述べられており興味深い。

5.　翻訳について

本書では15人の訳者が各章を分担して翻訳に当たった。訳語の統一は監修者である実業史研究情報センターで行った。ここで具体的な訳語に関して一つだけ説明を行っておきたい。

recordsは基本的には「記録」としたが、場合によって「記録物」としている部分がある。物理的な存在としての記録資料を指す場合、「記録」はやや抽象的であり、「記録物」のほうが適切と思われる表現が何カ所かあった。本書中の「記録」、「記録物」の原語は共にrecordsである。韓国における公文書等の管理に関する法

律の名称が、「公共機関の記録物管理に関する法律」(1999年)、「公共記録物管理に関する法律」(2007年) である点も参考にこの訳語を用いた。

　本書を通じて、ビジネス・アーカイブズは多様な価値を持ち経営・業務に貢献するツールであること、アーカイブズの積極的な利活用が企業内のアーカイブズ部門の存在価値を高め、企業組織全体に活力をもたらすこと、地域社会や学術コミュニティとの協力によってビジネス・アーカイブズは社会貢献に寄与すること、一言で言えば「ビジネス・アーカイブズは企業価値の源泉であること」を一人でも多くの経営者・企業関係者の方々に理解していただけることを期待している。

［注］
1) ISO/SR 国内委員会監修. ISO 26000：2010 社会的責任に関する手引：日本語訳. 日本規格協会, 2011, 289p.
2) 小谷允志. 今、なぜ記録管理なのか＝記録管理のパラダイムシフト：コンプライアンスと説明責任のために. 日外アソシエーツ, 2008, (日外選書 Fontana). 他.
3) 公益財団法人渋沢栄一記念財団. "企業資料ディレクトリ", 渋沢栄一記念財団. http://www.shibusawa.or.jp/center/dir/index.html, (参照 2011-10-20).
4) Peterson, Trudy Huskamp, et al. "Access to Archives: The Japanese and American Practices". The Society of American Archivists. http://www2.archivists.org/publications/proceedings/accesstoarchives, (参照 2011-10-20). 小川千代子, 小出いずみ編. アーカイブへのアクセス：日本の経験、アメリカの経験：日本アーカイブセミナー 2007 の記録. 日外アソシエーツ, 2008, 312 p., (日外選書 Fontana).
5) 同書, p. 159. なお、引用文中の「アーカイブ・プログラム」は北米のアーカイブズ関係者が利用することの多い用語である。この用語（本書では「アーカイブズ・プログラム」）は記録資料の収集・保存・利活用といったアーカイブズに関わる業務機能を指している。
6) McClure, Max. "Record of Steve Jobs' early career lies boxed in

Stanford University's Silicon Valley Archives". Stanford University News. 2011-08-29, http://news.stanford.edu/news/2011/august/jobs-082911.html, (参照 2011-10-20).
7) 小風秀雅. "近代の企業記録". アーカイブズの科学 下. 国文学研究資料館史料館編. 柏書房, 2003, p. 77.
8) 同書, p. 79.
9) Ford. "Access Policy: Ford Motor Company Archives", Business Archive Discussion List By Thread. http://www.gla.ac.uk/external/BusArch/att-0545/01-Access_Policy__Revised_June_2001_.doc, (参照 2011-10-28).

第 1 章

第一部 歴史マーケティングの力

より幅広い視野で

歴史的事実に基づく広報活動への支援

ヘニング・モーゲン

小谷 允志 訳

第一部　歴史マーケティングの力

ヘニング・モーゲン
Henning Morgen

A.P. モラー・マースク社
記録管理サービス部
レコードマネジャー

　ヘニング・モーゲンは1963年生まれ。1998年以来 A.P. モラー・マースク社において、電子メールやデジタル資産管理を含むアーカイブズ管理ならびに記録管理に従事している。デンマーク・アーカイブズ管理・記録管理協会、ARMA インターナショナル、国際アーカイブズ評議会企業労働アーカイブズ部会の会員である。記録管理に関する国際標準化機構（ISO）委員会にも参加しており、現在は歴史の記録化と情報通信を担当している。

A. P. モラー・マースク株式会社（デンマーク）

　A.P. モラー・マースクグループは世界的規模のコングロマリット（企業複合体）で、本社はデンマークのコペンハーゲンにあり、世界約130カ国の事業所ではおよそ11万人の従業員が働く。世界最大の海運会社の一つを保有するのに加えて、エネルギー、物流、小売り、製造などの産業分野において幅広い事業に従事している。

　A.P. モラー・マースク株式会社は1904年に A・P・モラーによって創業された。1965年に A・P・モラーが亡くなったのに伴い、息子のマースク・マッキニー・モラーが社長に就任、彼のリーダーシップの下で大規模な国際企業に成長した。マースク・マッキニー・モラーは現在98歳だが、顧客・従業員・社会に対する

第1章　より幅広い視野で

A.P. モラー・マースク社の確固たる価値観を作り出すのに大きな役割を果たしてきた。

　グループの親会社である A.P. モラー・マースク株式会社は、デンマーク証券取引所に上場しており、株主は約6万9,000人である。しかしながら、主たる株主は「A・P・モラーおよびチャスティーン・マッキニー・モラー財団」である。この財団は、A・P・モラーが全生涯をかけた A.P. モラー社が、長期的な展望を持つ関係者によって恒常的に経営されるように、A・P・モラー自身によって設立されたものである。

　マースク社アーカイブズが管理する歴史情報は、創業年である1904年以前にさかのぼる。同社アーカイブズは A.P. モラー・マースク社の文化、価値、評価を強化するために、歴史的事実を記録し、内外とのコミュニケーションに活用するよう運営されている。

デンマーク・コペンハーゲンの A.P. モラー・マースク社本社

第一部　歴史マーケティングの力

より幅広い視野で
―歴史的事実に基づく広報活動への支援―

ヘニング・モーゲン

　私が関わっている会社と私の役割について、また歴史的事実に基づいて行う広報活動支援の二つの事例―すなわち、日々の広報活動において、どのようにマースク社の歴史アーカイブズを利用しているか―を紹介するのが、本稿での私の希望であり目的である。

　A.P. モラー・マースクグループの本部はデンマークのコペンハーゲンにある。ただし、各業務分野の活動は世界中の海と陸、さらには地下と空で行われている。

【図1】　マースクライン コンテナ

　「A.P. モラー・マースク株式会社」とはコペンハーゲン証券取引所に上場されている企業である。当社の株式の大部分は創業家に関わる三つの財団により所有されている。創業者は A・P・モラー氏と、その子息で 98 歳にしていまだに財団の議長でもあるマースク・マッキニー・モラー氏である。財団およびモラー家一族以外に、

第1章　より幅広い視野で

A.P. モラー・マースク社は7万人前後の株主を擁している。

　私について言えば、1998年にマースク社に入社以来、アーカイブズと記録管理の運営責任者を務めている。現在私は、歴史の記録化と広報活動に注力している。

【図2】　マースク社アーカイブズ内部

　グループ歴史記録部の目標は、調査を行い、関係者に的を絞り、事実に基づいた情報を発信することである。そして目的は、企業の文化、価値および名声を支えるタイムリーで正確な情報を提供することにある。調査は、マースク社の組織（経営および業務分野）から、もしくは外部団体からのリクエストに基づいて行われる。リクエストは、例えば、ある特定の国におけるマースク社の歴史を確立するための支援（経営またはマーケティングや広報の目的）から、興味を持つ人々―専門家であろうと一般の個人であろうと―に、歴史的な船舶についての情報を提供することまで多岐にわたっている。

　さらに、グループ歴史記録部には保存プログラムがあり、これにより紙ベース記録の寿命を確保すると同時に、写真、ビデオ、フィルムなどの大規模なアーカイブズをデジタル化している。

第一部　歴史マーケティングの力

　内部における歴史的広報活動は、プレゼンテーション、A.P. モラー・マースク社博物館の案内、社内報での記事およびイントラネット（@maersk）によって行われる。またわれわれはインターネット（maersk.com）上にある歴史的なコンテンツも作成した。

【図3】　マースク社博物館

　マースク社における歴史的な広報活動は変化している。以前には、歴史的情報に対するリクエストはトップマネジメントから来るのが常であった。またそれらは全社的な歴史や中心的な人物に焦点が置かれていた。リクエストもそれに対する回答も、過去に焦点が置かれ、今日の業務運営にはほとんど関連がなかったのである。今では、グループおよび各業務分野の広報部門は、それぞれの最新の広報ニーズに役立つ情報を求めている。リクエストおよびその回答は、過去の上に積み上げられた現在に焦点を置いているのだ。

　各広報部門のニーズを理解するため、われわれは広報活動に対する彼らのアプローチを学んだ。全ての広報活動には三つの側面がある。すなわちテーマ、業務活動および地域（国、地方）である。われわれが調査に基づき発する情報は、これら三つの側面を

第1章　より幅広い視野で

考慮に入れなければならない。

　歴史的情報の主な顧客は、業務活動に関係する広報というコンテクストにおいて、トップマネジメントから、広報、HSSE（健康・安心・安全・環境）やCSR（企業の社会的責任）の部門、そして業務分野におけるミドルマネジメントおよび顧客・パートナー関連業務担当者へ、と変化してきた。従業員や外部関係者が歴史的情報に接することは、どちらかというと少ない。

　紹介したい第一のケースは、われわれの環境関連の業績に関するものである。このケースの背景には、技術と環境問題を重視する、海運関係ジャーナリストたちの訪問がある。マースク社からは二つの部門が対応した。すなわちマースク社の海洋技術部門とグループ統括管理部門である。調査の論点は、技術標準の歴史的活用に関するものがないか、というものであった。

【図4】　マースクラインの船

　マースクライン社（コンテナ運送会社）は、コンテナの輸送につき環境にできるだけ負荷をかけないという、われわれの顧客の期待に沿って仕事をしている。例えば、イケア社（家具チェーン大手）はこう言っている。「サプライヤーもまた、その業務運営に関し環境への負荷を最小限にする努力を継続的に行う義務がある」と。また環境に関する一般の人々の認識が進んでおり、最終

消費者（われわれの顧客の顧客）は彼らが購入する製品についての透明性を求めている、というわけだ。このように、環境への負荷の最小化に焦点を合わせることは、今日の消費市場における基本的要件なのである。

船による輸送は、航空機、トラック、鉄道などが太刀打ちできない、抜群にエネルギー効率の良い輸送方法である。例えば、一人の消費者が一足の靴を購入するために自分の家からショッピングセンターまで車で行くとしよう。その消費者は、香港からロッテルダムまで一足の靴を輸送するのに比べて、10倍ものエネルギーを使用することになるのだ。

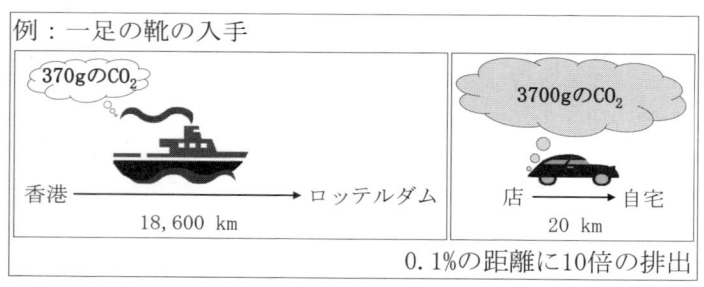

【図5】　船舶輸送は他の輸送手段よりCO_2の排出量が少ない

しかしながら、このような状況すらもっと改善された。マースクラインが、「スローな航海」を導入したのである。これは、コンテナ輸送船が速度を落とし、燃料消費量を減らすことを意味し、それゆえエネルギー消費量と環境への負荷を劇的に減らすことになるのだ。

調査の論点に答えるため、マースク社が長期間にわたり、効率的な輸送に注力してきた点を示すのは興味深いことであった。船舶のエネルギー消費量に焦点を置くという今日的課題を理解するため、われわれはマースク社の海洋技術部門に対し、航海の燃料消費量を測定しコントロールするITシステムについて説明する

第1章　より幅広い視野で

よう求めた。このシステムを理解したうえで、われわれにはアーカイブズで探すべきものが分かっていたので、このテーマについていくつかの船舶レポートおよび操船指示書のサンプルを見つけ出すことができた。われわれが選んだ一つは1994年のもので、もう一つは1962年のものであった。

われわれは、要求通り、現在と過去を結びつけることができ、そしてこの問題に対する長期的な取り組みを示すことができたのである。準備した中で、ジャーナリストたちは現在に注目したのだが、われわれの情報はこの問題の管理に関してさらに幅広い視野をもたらしたのだった。

第二のケースは、われわれの会社運営の地域的な成果に関するものである。このケースは、マースクの社内報で取り上げるCSR（企業の社会的責任）のテーマが背景になっていた。調査の論点は、われわれが過去に"CSRを行ったこと"があるかというものである。

この背景に加え、マースク社はグローバルな存在感を示すと同時に、地域的な成果を挙げるという使命を有している。そのため、われわれは世界の隅々までビジネスを広げる努力をする

【図6】　タンガニーカ栽培会社

中で、われわれがビジネスを行うさまざまな地域の国民と政府に対し、有益な影響を及ぼす努力を忘れてはならないのだ。

そこで、タンザニアの砂糖農園であるタンガニーカ栽培会社の

第一部　歴史マーケティングの力

例を取り上げてみることにした。われわれは、1930年から1980年までこの会社を所有しており、生産物の拡大に伴い、従業員数も4,000人を超えるまでに成長した。会社は従業員とその家族に対し、無料で住居を提供したので、1970年代には農園の総人口は1万1,000人以上になった。1950年代になると、子供や大人のための学校が複数設立された。1960年には病院が開設され、農園の住民のみでなく地域の人々まで受け入れたのである。病院を基盤に、さまざまな社会奉仕が推進されたのだ。

【図7】　大人のための学校、タンガニーカ

このようにわれわれは、広報部門の要求通り、現在と過去を結び付けることができ、そしてこの問題に対するマースク社の長期的な取り組みを示すことができた。広報部門はわれわれに対し、CSRについての一般的な記事の中に情報を包含するのではなく、調査から見えてきたものに基づき、独自の記事を書くよう求めたのである。

願わくば、これら二つのケースが、われわれがどのようにマースク社の歴史アーカイブズを日々の広報活動に利用しているかを示すことになれば幸いである。

Photographs：A.P. Moller - Maersk

第 2 章

フランスのビジネス・アーカイブズ、経営に役立つツールとして

サンゴバン社の事例

ディディエ・ボンデュー

平野 泉 訳

第一部　歴史マーケティングの力

ディディエ・ボンデュー
Didier Bondue

サンゴバン社
アーカイブズ ディレクター
（ブロワ・センター館長）

　ディディエ・ボンデューは2001年11月よりサンゴバン社アーカイブズのディレクターを務める。歴史学博士（パリ・ソルボンヌ大学）。リヨン政治学院にて政治学を学んだ。主としてサンゴバングループ内で22年にわたり販売とマーケティング分野に従事した。

　彼はまたフランス・アーキビスト協会ビジネス・アーカイブズ部会の元議長であり、現在は国際アーカイブズ評議会企業労働アーカイブズ部会（ICA/SBL）の部会長でもある。

サンゴバン社（フランス）

　サンゴバン社は1665年にルイ14世の命令によって、ガラス製造業でのベネチアの優位を壊すために、ジャン＝バティスト・コルベール財務総監により設立された。多くの合併や買収で大きく変化し、ガラス製造から事業を拡張し、ヨーロッパをはじめ地理的にも活動を広げた。現在は世界100社のリーダー企業の一つで、革新的な素材、建築用製品、建材流通、包装という四つの分野にわたり64カ国に約19万人の従業員を擁する。

　サンゴバングループと日本のつながりはノートン社が設立された1917年までさかのぼる。1970年代からグループは日本板硝子株式会社、セントラル硝子株式会社、日本電気硝子株式会社な

第 2 章　フランスのビジネス・アーカイブズ、経営に役立つツールとして

どの日本の会社と提携し、または子会社を通じ、日本で板ガラス、補強材、化学製品とプラスチック製品、研磨材などの分野で営業してきた。日本の現地子会社、サンゴバン株式会社には現在 10 カ所以上の工場と営業所があり、1,000 人弱の従業員が働く。さらに、日本はアジア・パシフィック地域の代表部で、サンゴバングループの中で重要な役割を果たしている。グループの独自の製品や専門技術は、日本では LVJ グループ株式会社ルイ・ヴィトンジャパンカンパニー、プラダジャパン株式会社、株式会社電通などの建物で見かける。

サンゴバングループアーカイブズの外観
（Photograph：Alain Dovifat）

フランスのビジネス・アーカイブズ、
経営に役立つツールとして　―サンゴバン社の事例―

ディディエ・ボンデュー

　フランスのビジネス・アーカイブズの歴史はいまだ 1 世紀にも満たない。すでにアメリカ合衆国には経営史協会（Business History Society）が存在していた 1929 年、歴史家のマルク・ブロックはリュシアン・フェーブルに宛てた 9 月 20 日付書簡で、民間企業のアーカイブズについて調査を行うことが急務であると述べている。そうした調査への呼び掛けは「企業の合理的組織：民間アーカイブズと歴史」とのタイトルの下 *Annales d'histoire économique et sociale*（『社会経済史年報』）誌の 1930 年第 1 号に掲載され、フェーブルが前文を、そしてアーカイブズ監察局長であるシャルル・シュミットが本文を書いている[1]。

　1949 年には、フランス国立公文書館長シャルル・ブレバンが同館内に経済アーカイブズ部門を設置した。これは、民間企業のアーカイブズも、行政の管理下にある公営企業のアーカイブズと同様に保全するためであった。1957 年にはベルトラン・ジルによる初のガイドが刊行され、同館に保存された歴史的アーカイブズの詳細なリスト作成への道が開かれた。

　しかしながら、民間企業内部にアーカイブズ設置への本格的な動きが生まれるには 1970 〜 80 年代の到来を待たねばならなかった。そしてここ 30 年ほどの間、フランスのビジネス・アーカイブズというテーマは、数十の研究の対象となってきている[2]。本稿ではまず、サンゴバン社アーカイブズが果たしたオリジナルな、パイオニアとしての役割と、そしてそれが多くのフランス大企業内部にアーカイブズ部門が設置される契機となったことを示したい。加えて、今日に至るまでサンゴバン社アーカイブズが経済利益団体（EIG: Economic Interest Group）として組織された世界

第 2 章　フランスのビジネス・アーカイブズ、経営に役立つツールとして

でも唯一のアーカイブズであり、そうした組織形態を採ったことの帰結として、プロフィット・センターおよびサービス提供機関としての二つのミッションを有していることをご紹介したいと思う。

1. サンゴバン社が果たしたパイオニアとしての役割

　「企業は歴史を創る。未来を求め続ける企業と、それを支える歴史家との関係は相互的なものだ」[3]

　1970 年、サンゴバン社とポンタムソン社の合併後最初の代表取締役社長となったロジェ・マルタンは、1988 年、*Revue française de gestion*（『フランス経営学雑誌』）に掲載された論文を上記の文章で締めくくっている。論文のタイトル「代表取締役社長とアーキビスト」は、彼がこの巨大な国際企業グループ内部でアーカイブズに付与した重要な位置付けを集約したものと言えよう。この論文でマルタンは、自らが職業人としてのキャリアを歩む中で歴史にどれほど負うところがあったかについて、特に企業史と経営との関係について語るとともに、アーカイブズ管理に関わる独自のシステム構築についても述べている[4]。

　そうしたシステム構築が必要となったのは、1970 年のサンゴバン社とポンタムソン社の合併がきっかけであった。このことは後の 1972 年、次のような言葉で語られている。

　　「私どものグループは、二つの重要なアーカイブズのシリーズを所蔵しています。（中略）文書の過大な蓄積を避け、これほど豊かな知的資源の利用可能性を高めるためにも、これらのアーカイブズについて再考すべき時が来たようです。しかし受け継いだ遺産の歴史的価値に鑑み、高度の専門性を持つ人材の援助を求めることが義務と考えざるを得ません」[5]

第一部　歴史マーケティングの力

　1973年7月、ロジェ・マルタンはロジェ・フォルーと共にフランス国立公文書館長であるギィ・デュボスクを訪ね、「同僚たるアーキビスト・古文書学者（archiviste-palèographe）のどなたかに、公的な職務を退き、サンゴバン・ポンタムソン社のためにその能力を役立ててもらえないものか」[6]との要望を伝えた。そして1974年4月1日、モーリス・アモン氏が入社することになったのである。

　早くもその翌日、ロジェ・マルタンは業務通達で「サンゴバン社アーカイブズ部門の任務」を明らかにするアモン作成の文書に言及し、そこから重要な二つの理念を引き出している。

1)「グループが創り出すアーカイブズ、そしてそれがグループ全体の経費にもたらす影響に鑑み、まず日常業務における具体的な問題に取り組み、そのうえで歴史学への貢献をも可能とする」こと

2)「提案された実践的なアプローチは、グループの構造とそれが抱える問題の複雑さによく合致している」[7]こと

　このときに基盤が置かれ、四半世紀以上にわたりグループ規模の拡大に合わせて発展してきた機構の精神が、この数行によく表れていると言えよう。

　モーリス・アモンは上述の文書で記録がたどる三つの段階について述べたあと、アーカイブズ部門の果たすべき役割について簡潔にまとめている。

1)「現用文書作成を監督すること」

2)「半現用段階での移管と管理を確実にすること」

3)「歴史的アーカイブズを歴史研究者の利用に供すること」[8]

　こうした見解の当然の帰結として、アモンはアーカイブズ部門が「スペース、そして有能な人材を擁し、アーカイブズのあらゆる問題に対応可能な真のサービス提供機関として」グループの中心部に置かれるべきことを提案した。

　1976年4月、モーリス・アモンは過去2年間の活動を振り返り、

その間に三つの大きな達成があったとした。
1) ビジネス・アーカイブズのマニュアル作成と配布
2) 新しい媒体の出現により生じた諸問題の研究（マイクロフィルム、デジタル技術）
3) 企業経営・経済に関する研修（開催地：メナール）における、歴史的解説を添えたアーカイブズ展示の実施[9]

アーカイブズ構築に関する活動の継続は、アーカイブズ専用の建物の検討・研究を目的としていた。「フランスのどこかに、グループの歴史的・半歴史的アーカイブズを集中管理できる専用の建物を建設する」[10]ことが必要だったのである。建設地として選ばれたのは、フランス国内におけるグループ活動の拠点、ブロワであった。そしてこの目標は、ブロワにアーカイブズ・センターの独創的な建物が完成した1979年12月に果たされることとなった。その後センターはフランス全土のビジネス・アーカイブズのモデルとなるのである。

2. 1980年以降のフランスにおけるビジネス・アーカイブズの発展

1981年、フランソワ・ミッテラン大統領の下、左翼政権が成立するとともに、フランスのビジネス・アーカイブズをめぐる環境に二つの重要な変化が引き起こされることになる。

第一の大きな変化は、1982年に行われた銀行および大企業の国有化である。それに伴い、このとき国有化された企業のアーカイブズもアーカイブズ法（1979年公布）の適用を受けることとなったからである。

続いて1983年、五つの地域圏に労働界のアーカイブズを設置するという計画が浮上した。時がたつにつれ、予算上の制約により計画規模は縮小され、世界的な経済状況の変化により打撃を受けた産業地域の中心にあるフランス北部の町、ルーベの古い紡績工場に、センターが一つだけ設立されるにとどまった。

第一部　歴史マーケティングの力

　国立公文書館の政策の道具でもあったこのセンターは、1993年になってようやく開館にこぎつけ、「労働界アーカイブズ・センター（Centre des Archives du Monde du Travail: CAMT）」と命名された[11]。「この労働界アーカイブズは、公私を問わず、産業、商業、手工業、または農業、銀行、保険、専門職団体、親方や鉱夫の組合、そして職業生活の中で生まれるさまざまな団体の経済的・社会的活動が作り出す文書全体をカバーすることを目指す」[12]ものであった。

　その間、1986年の民営化への動きにより、民間部門への国の影響力はいくぶん低下することとなったが、すでに企業のアーカイブズ管理に関しては弾みがついていた。そうした状況をさらに推し進めるような動きが続く。

　まず1983年、オー・ラン県のミュルーズ市に、県内工業関連企業のアーカイブズ保存のため、市・大学・そして商工会議所3者の協力の下 CERARE（Centre Rhénan d'Archives et de Recherches Économiques: ライン地域経済アーカイブズ・研究センター）が設立された。同様にリヨンでは、トラック製造業をルノー社に売却したポール・ベルリエが、父マリウス・ベルリエのフランスのトラック製造分野における業績を顕彰するため、マリウス・ベルリエ財団を設立した。

　1985年にはシュネデール家[13]の故郷ル・クルーゾに、地域の製鋼業に関する遺産を保全するための「フランソワ・ブールドン・アカデミー」が設立された。

　こうした動きに呼応するように、1990年以降は企業内に正真正銘のアーカイブズ部門が設けられていった。それは第一に半現用記録をどう管理するかという問題を解決するためであったが、アーカイブズ機能全体の中で歴史的記録の管理にも取り組むこととなった。現在、大多数の大手企業が社内アーカイブズ部門を設置しており、事業分野も大きな広がりを見せている。以下にアーカイブズ部門を持つ事業体を事業セクター別に例示する。

第2章　フランスのビジネス・アーカイブズ、経営に役立つツールとして

航空宇宙：欧州航空宇宙防衛会社（EADS）、サフラン社
自　動　車：ルノー社、プジョー・シトロエン社、ミシュラン社
銀　　　　行：フランス銀行、フランス預金供託公庫、セテレム社、クレディ・アグリコル銀行、パリ国立銀行、ソシエテ・ジェネラル銀行
建築材料：ラファルジュ社、サンゴバン社
製　　　　薬：サノフィ・アベンティス社、UPSA社、クインタイルズ社
エネルギー：フランス石炭公社、フランス原子力庁、ローヌ国立公社、フランス電力会社（EDF）、フランスガス公社（GDF）
サービス：AGF社、フランス・テレコム社、フランス郵政公社、マイフ社
鉄　　　　鋼：アルセロール・ミッタル社
運　　　　輸：パリ空港公団（ADP）、エールフランス航空、パリ交通公団（RATP）、フランス国有鉄道（SNCF）
その他のセクター：アルタディス社（たばこ）、ヴーヴ・クリコ（MHDモエヘネシーディアジオ株式会社のブランドの一つ、シャンパン）、マーテル社（コニャック）、ルイ・ヴィトン（LVMHグループの中核ブランド）、カンソン社（製紙）、グループセブ（生活雑貨・電気製品）
商工会議所：ビジネス界との関係からみて、商工会議所も経済史のための情報資源である。

　こうしたアーカイブズの活動が果たす機能は多様である。プロフィット・センターとしてのサンゴバン社アーカイブズ（ほとんど世界で唯一の例）のみが、アーカイブズから文化遺産までを総合的にカバーしている。企業内の位置づけも非常に異なり、総務

第一部　歴史マーケティングの力

部門、財務部門、法務部門などさまざまである。またアーカイブズの活動範囲は、ビジネス環境から受ける影響も非常に大きい。石油業界では、トタル社がペトロフィナ社、さらにエルフアキテーヌ社と合併した。銀行もこうした動きは避けられず、パリ国立銀行がパリバ銀行を、クレディ・アグリコル銀行がクレディ・リヨネ銀行を合併した。産業界の大きな企業も市場の統合を進めることになった。製鉄業でも、ユジノール社が主たる競争相手であるアルセロール社と統合、アルセロール社はその後インドのミッタル・スチール社の傘下となった。アルミ製造業のペシネ社はカナダのアルキャン社に統合された。サノフィ社はサンテラボ社に続きアベンティス社を買収することで、世界医薬品市場におけるトップの仲間入りをした。

　上記のどの場合においても、アーカイブズ部門は新しい企業形態に適応することとなった。近年、企業内の記録管理が進み、アーカイブズが経営上も有用であることが再認識されるに至った。アーカイブズが真の経営ツールとなった事例もある。アーカイブズが果たす戦略的役割は、特に民間の大企業ではすでに自明のこととなっている[14]。

　しかしながら、こうした目に見えるアーカイブズ活動の裏側に、可能な範囲でアーカイブズ管理に取り組む中規模企業が作り出すアーカイブズの総体がある。中規模企業はアーカイブズ専門業者に助けを求めることも多い。これらの専門業者は、70年代以降に多数設立されてきた。専門業者が提供するサービスは、アーカイブズの管理と保管にとどまることが多いとはいえ、企業の文書資源のグローバルな管理に向けた集中化と発展が見られる市場である。そうした中、主要なアーカイブズ専門業者が参集して共同でPAGEという社団を設立し、企業への助言やビジネス・アーカイブズ関連業務の質を高めるためのさまざまな活動も行っている。

　こうした動きに呼応して、ビジネス・アーカイブズに関わる専

門職たちも、フランス・アーキビスト協会内部にビジネス・アーカイブズ部門を創設した。現時点で250人のメンバーを擁するビジネス・アーカイブズ部門の活発な活動は、いくつかの重要な参考資料の作成につながった。企業間で共通する文書につき保存期間を定めたガイドがその一例である[15]。こうして、情報関連専門職としてのビジネス・アーキビストが果たすべき業務の境界線を明確にするため、専門職として共有すべきガイドラインが作り出されようとしているのである。

3. サンゴバン社アーカイブズ：現在の組織と機能

　さて、ブロワ・センターは現在、アーカイブズの保管場所というだけではなく、経済利益団体（EIG、前述）として機能する組織となっている。EIGは1967年9月23日のオルドナンス67-821号[16]により設立が認められた法人組織で、複数の企業が共通の目的を果たすために共同して事業を行うことを可能にしているが、この場合、アーカイブズ・サービスがその共通目的である。現用記録から歴史的アーカイブズまで一貫したサービスが、サンゴバン社のフランス国内の関連企業全社に提供されている。

　国際的なレベルでは、サンゴバン社の企業哲学はグループ内の分権化および多文化尊重へと方向転換がなされた。記録保存の必要性にも異なる水準があることは確かで、中央から見てあらゆる記録が同等の価値を有するわけではない。重要なことは、真に歴史的価値を有する文書を保存するとともに、地域レベルでアーカイブズを運営するための国際的なネットワークを形成することである。

　ブロワ・センターでは損益を均衡させる、あるいは利益を生むことが必須である。そのためにも毎年度予算案を作成し、年次総会での承認を経なければならない。つまりブロワ・センターは二つのコンセプトを実現すべく組織・運営されている。プロフィッ

第一部　歴史マーケティングの力

ト・センターであり、サービス提供機関であることが求められているのである。

A）プロフィット・センター

サンゴバン社アーカイブズのクライアントとは？

クライアントは、【図1】に示すとおり、三つの主要なカテゴリーに分けられている。

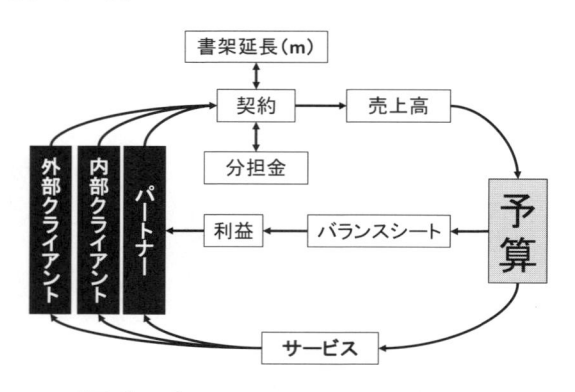

【図1】　プロフィット・センターの仕組み

― パートナー：書架延長に応じた分担金（年単位）を支払い、その上限は年次総会で決定される。またパートナーには分担金の額に応じて利益が分配される。
― 内部クライアント：パートナーより低額でサービスを受けられるが、利益は分配されない。
― 外部クライアント：もともとグループに入っていて、脱退後もアーカイブズの管理をEIGに任せたい企業、あるいはブロワ・センターにアーカイブズ管理を委託したい（料金は双方で合意）一般企業などが考えられる。

どの場合も、当事者間で契約が締結され、合意された金額はサ

第2章　フランスのビジネス・アーカイブズ、経営に役立つツールとして

ンゴバン社アーカイブズが提供するあらゆるサービスをカバーすることになる。

　クライアントがもたらす収入が EIG の運営を可能とし、最終的な損益という結果を生む。従って年度ごとに既存の参加企業あるいは新しい参加企業を考慮に入れて新しいビジネスプランを練る必要がある。

B）サービス提供機関

　サンゴバン社アーカイブズがクライアントに提供するサービスは、二つのカテゴリーに分けることができる。日常業務の遂行に関わる簡単な検索と、戦略的または複雑な調査である。前者は主として財務、人事、法務などに関する情報検索で、こうしたレファレンスであれば、ブロワ・センターは 30 分以内で回答可能である。2004 年には、センターは年間 2,690 件の情報検索に対応した。後者はより多様で複雑な調査で、環境問題、知的財産権と研究開発、人事、法務、固定資産や文化遺産、企業経営、販売とマーケティング、そして企業文化などに関するものである。

　戦略的または複雑な調査の例をいくつかご紹介しよう。

環境問題：工場の最後の所有者は誰か？
　　1930 年代、サンゴバン社は化学工場をいくつか経営していた。これらの事業は 1970 年に売却されたが、その後、ある工場敷地が汚染されていることが分かり、最後に工場を所有していたのは誰かを明らかにすることが重要となった。
知的財産権と研究開発：
　　ある競合他社が「新しい特殊な色ガラスを開発した」と主張した。しかしブロワ・センターはサンゴバン社が彼らより何年も前から同じ製品を生産していた証拠となる写真を提供することができたのである。
法的問題：ベルリンの壁の崩壊

第一部　歴史マーケティングの力

　　ベルリンの壁の崩壊後、1945年以前に東欧地域にサンゴバン社が有していた工場について、返還要求をするため緊急に調査する必要があった。

法的問題：サンゴバン社国有化にからんで

　　サンゴバン社がたった4年間の国有化の後再度民営化された1986年、同社を筆頭株主とする子会社の全従業員に株式購入権を与えることを決定した。この目的を果たすため、大変重要な調査が行われた。

企業経営：

　　サンゴバン社がルーマニアに新しいガラス工場を建設することを決定したとき、ブロワ・センターは第二次世界大戦以前の現地におけるサンゴバン社の活動に関するファイルを提供することができた。

　クライアントのために簡単な情報検索や、込み入った調査を行うことに加え、ブロワ・センターは次のようなサービスも提供している。

グループ内の規則・基準：

　　サンゴバングループの結節点には、親会社と子会社とを法的に拘束する規則・基準などの作成を担当する部門（Doctrine Department）が存在するが、アーカイブズ管理はこうしたグループ内の規則形成と不可分の一体をなしている。

記録管理：

　　あらゆる側面における伝統的な記録管理こそ、EIGの主たる活動領域である。

アーカイバル・システム構築：

　　新規クライアントに対しては、EIGがチームを派遣し、アーカイブズ構築と、各部門の現用記録管理のためのスケジュール作成を行う。その際、特に法務、財務・会計、マーケティング、

第2章　フランスのビジネス・アーカイブズ、経営に役立つツールとして

人事といった部門の機能を重視している。またサンゴバン社は特定の文書類型について、独自の保存年限を定めている。

研修・支援：

　これらも、グループ子会社のためにせよ、他企業のためにせよ、文書記録や映像資料を適切に管理するためセンターが果たすべきミッションの一部をなす活動である。

調査・研究：

　サンゴバン社の長い歴史により、ブロワ・センターは産業史に関する重要なデータベースとなっており、センター所蔵資料を用いた学位論文などが数多く書かれてきた。毎年センターは多数の研究者を迎え、研究者のための宿泊施設も用意している。

展　示：

　展示もセンターの重要な活動の一つである。サンゴバン社の業務、広報、国際イメージの表象とその歴史に関する企画展示も子会社に提供されている。異なる文化的背景を持つ職員を抱え、急速に成長するグループにとって、こうした展示はしばしば求心力を生み出す役割を果たし得るものとなる。そうした系列に連なる最近の展示として、グループロゴの歴史に関する展示がある。これは2002年に国際メディアを対象に行ったキャンペーンがもととなっており、展示の目的は現在の会社が発信するメッセージと、それに先立つ過去のものとを並列的に提示することであった。

　センターは外部機関と展示を共催した経験もある。2006年には、サンゴバン社は社の歴史に関するオルセー美術館での一連の展覧会を終えた[17]。この展覧会は1665年の王立ガラス製作所設立から1937年パリ万博までの歴史を回顧するものであった。展覧会は10万人を超える観覧者を集め、生活環境部門の企業を対象とした広報フェスティバルでグランプリを受賞した。

第一部　歴史マーケティングの力

出版事業：
　　ブロワ・センターは数々の出版物も製作しており、広報および企業文化醸成の重要な源泉となっている。

C）組　織

　【図2】にブロワ・センターの組織図を示す。トップレベルにはセンター唯一の取締役が置かれ、センターと親会社であるサンゴバン社とを結び付けている。館長はアーカイブズ管理・運営、予算、調査・研究、出版などの活動を統括する。一方センター・マネジャーはEIGの業務活動と販売活動を組織するなどセンターの日常業務を管理している。

　センターに勤務する13人の専門職スタッフはアーカイブズ・レコード部門とドキュメンテーション部門の2部門に配属され、前者は半現用から非現用までの記録を扱い、後者は写真、フィルム、ビデオなどの資料を管理している。

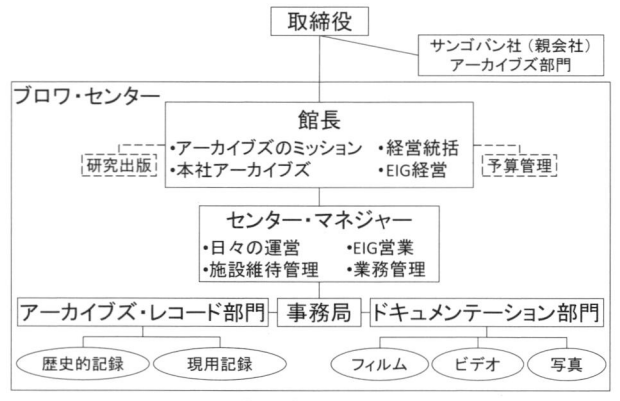

```
                          ┌──────┐
                          │取締役│
                          └──────┘
                                    ┌─────────────────┐
                                    │サンゴバン社（親会社）│
                                    │アーカイブズ部門      │
                                    └─────────────────┘
  ブロワ・センター
                          ┌──────────────────┐
                          │      館長          │
  ┌────────┐            │・アーカイブズのミッション ・経営統括│            ┌────────┐
  │研究出版│ - - - - -   │・本社アーカイブズ   ・EIG経営      │ - - - - -  │予算管理│
  └────────┘            └──────────────────┘            └────────┘
                          ┌──────────────────┐
                          │  センター・マネジャー │
                          │・日々の運営    ・EIG営業│
                          │・施設維持管理  ・業務管理│
                          └──────────────────┘
  ┌──────────────┐  ┌──────┐  ┌──────────────────┐
  │アーカイブズ・レコード部門│──│事務局│──│ドキュメンテーション部門│
  └──────────────┘  └──────┘  └──────────────────┘
      ╱        ╲                      ╱      │       ╲
  ⟨歴史的記録⟩ ⟨現用記録⟩        ⟨フィルム⟩ ⟨ビデオ⟩ ⟨写真⟩
```

【図2】　組織図

D）運営方針

　EIGの運営方針はグループ規模の変動や、技術の進歩に応じて変更されてきた。このことは、例えば分担金額に応じてクライ

第2章 フランスのビジネス・アーカイブズ、経営に役立つツールとして

アントに分配される書架延長が、センター創設時以来どう変化してきたかを示す【図3】のデータからも明らかである。

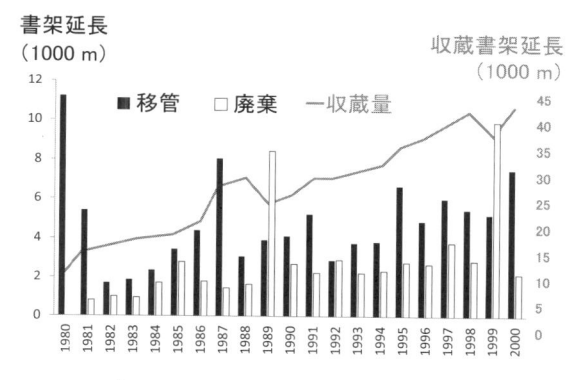

書架延長
(1000 m)

収蔵書架延長
(1000 m)

■ 移管　□ 廃棄　― 収蔵量

【図3】　分配される書架延長の変化

アーカイブズやさまざまなドキュメンテーションを管理し、グループ内のイントラネット・ポータルとしても機能するソフトウェア「Gobana」(【図4】)の開発も行った。

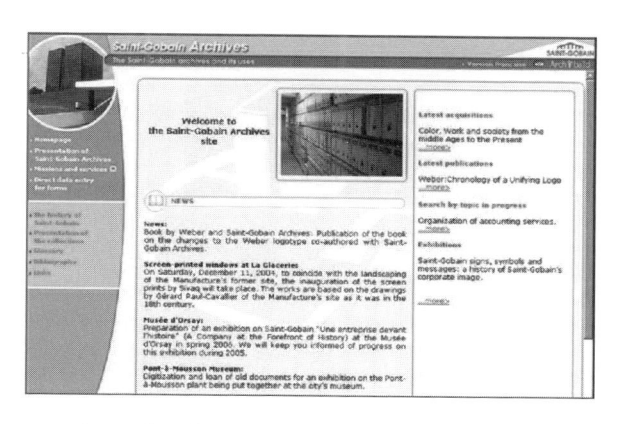

【図4】　イントラネット・ポータル

第一部　歴史マーケティングの力

　結論として、EIG はアーカイブズの運営方法として非常に効果的であることが明らかとなったと言ってよいだろう。生み出されている収益は、クライアントのために、またアーカイブズ事業のために役立てられている。そのことがブロワ・センターの恒常的な発展と、新しいプロジェクトへの取り組みを可能としている。そうした取り組みの一つが電子記録管理であり、すでに IT 部門の運営者によりワーキンググループが設置されている。センターはまた、企業の社会的責任の外郭を示すために多様な記憶資源を用いる近年の傾向に対応することも試みている。しかしながらこうした変化にもかかわらず、【図5】が示すように、「太陽王」[18)]は今もサンゴバン社アーカイブズを見守ってくれているようだ。

【図5】　太陽王ルイ 14 世
（サンゴバン所蔵）

第 2 章　フランスのビジネス・アーカイブズ、経営に役立つツールとして

[注]
1) Febvre, Lucien; Schmidt, Charles. "L'organisation rationnelle des entreprises: Les archives privées et l'histoire". *Annales d'histoire économique et sociale*, 1930, vol. 2, no. 5, p. 64-66.
2) Hamon, Maurice. "Les archives d'entreprises en France". *Rassegna degli archivi di Stato*, 1984, anno 44, no. 2-3, p. 480-487. Nougaret, Roger. Overview of business archives in France, ICA/SBL, 2006-12. Zuber, Henri; Nougaret, Roger. "Les archives d'entreprises en France". *La Gazette des archives*, 2006, no. 204, p. 171-186.
3) Martin, Roger. "Le président directeur général et l'archiviste". *Revue française de gestion*, 1988-9/10, p. 122-126.
4) 同上.
5) Archives Saint-Gobain, CSG 00426/22, 1972 年 5 月 17 日付書簡.
6) Martin, Roger. *Patron de droit divin*. Paris: Gallimard, 1984, p. 447.
7) Archives Saint-Gobain, CSG 00426/22, 1974 年 4 月 2 日付業務通達.
8) 同上.
9) Martin. *Patron de droit divin*. p. 447. メナールはパリのヌイイ、そしてアール城と並ぶ、三つのアーカイブズ保管庫の一つであった。
10) 同上.
11) [訳注] CAMT 設立の経緯などは、原輝史. フランスの企業史料館. 早稲田商学. 1998, no. 379, p. 155-186. http://dspace.wul.waseda.ac.jp/dspace/bitstream/2065/5085/1/92969_379.pdf/, (参照 2011-08-31). に詳しい。
12) Lebrigand, Yvette. "Un grand projet de l'Etat: le Centre des archives du monde du travail de Roubaix". *La Gazette des archives*, 1988, no. 141, p. 175.
13) [訳注] ブルゴーニュ地域圏の町・クルーゾを本拠とし、19 世紀のフランス製鋼業を牽引したシュネデール社の創業一族。河辺利夫, 保坂栄一編. 新版世界人名辞典 西洋編＜増補版＞. 東京堂出版, 増補版初版, 1993, p. 354,「シュネデル Schneider, Joseph Eugène」の項、ならびに大森弘喜. フランス鉄鋼業史. ミネルヴァ書房, 1996, p. 16-18. を参照。また Schneider の名についてはシュネデル、シュネーデルなどの表記もあるが、本稿では「東芝シュネデール・インバータ株式会社」（同社ウェブサイト、http://www.inverter.co.jp/) などに社名として使用されている表記を採用した。
14) Bondue, Didier; de Boisboissel, Olivier. "Les archives au service du management et de la stratégie de l'entreprise: les approches innovantes de Saint-Gobain et de Sanofi-Aventis". *Comma*, 2005-

第一部　歴史マーケティングの力

4, Actes de la 38ème Table Ronde des Archives, Abou Dhabi 25/11-1/12 2005.

15) Association des archivistes français, *Les archives dans l'entreprise: guide des durées de conservation*. Paris: Association des archivistes français, 1997.

16) [訳注] オルドナンスは議会の授権により行政が行う、いわゆる委任立法である。中村紘一, 新倉修, 今関源成監訳."オルドナンス", フランス法律用語辞典. 第2版, 三省堂, 2002, p. 220.

17) Hamon, Maurice; Mathieu, Caroline, eds. *Saint-Gobain, 1665-1937: une entreprise devant l'histoire*. Paris: Fayard; Musée d'Orsay, 2006.

18) [訳注] 1665年10月、ルイ14世(「太陽王」)が発した勅許状により、財務総監コルベールの下に設立された王立ガラス製作所がサンゴバン社の起源である。設立の経緯、そして同社350年の歴史については、三宅利一監修, 中島智章, 前島美知子. サンゴバン－ガラス・テクノロジーが支えた建築のイノベーション. 武田ランダムハウスジャパン, 2010. あるいは "Our history", Saint Gobain. http://www.saint-gobain.com/en/group/our-history, (参照 2011-08-31). などが参考になる。

第 3 章

日本における伝統産業と
アーカイブズ

虎屋を中心に

青木　直己

第一部　歴史マーケティングの力

青木　直己
Aoki Naomi

株式会社 虎屋
虎屋文庫 研究主幹

　1954年生まれ、国分寺市史編纂室・立正大学文学部助手を経て1989年株式会社虎屋入社。現在虎屋文庫研究主幹。論文「近世京都老舗商家における経営の継承と由緒」他。著書『図説和菓子の今昔』『幕末単身赴任下級武士の食日記』他。日本アーカイブズ学会委員。

株式会社 虎屋（日本）

　虎屋は室町時代後期の京都で創業、後陽成天皇の御在位中（1586～1611年）から皇室の菓子御用を務めていた。明治2(1869)年東京遷都とともに京都の店はそのままに、東京にも店を開設した。現在、東京赤坂に本社（本店）を置き、工場は東京・御殿場・京都の3カ所、販売店は78店舗（パリ店含む）を数える。

　虎屋文庫には経営史料として約1,100点の前近代史料、明治・大正そして昭和22年までの近代史料、昭和22年株式会社設立以降の史料が残されている。また、木型をはじめ製菓道具や古器物も多く収蔵するほか、参考資料として古典籍類なども収集してきた。

　こうした記録史料は、昭和48(1973)年に創設された虎屋文庫で整理・保存している。虎屋文庫の主な業務としては、和菓子文化および虎屋に関する調査研究のほか、年1、2回ほど和菓子関連の展示を開催し、和菓子に関する論文などを掲載した機関誌

第3章　日本における伝統産業とアーカイブズ

を年に1回発行している。また、同時に現在の虎屋の経営に関わる現用文書を含む記録文書類の収集も行っている。

　また、年間1,400件をこえる社内・社外からの問い合わせにお答えするほかに、広報や営業部門をはじめ社内各部署への情報提供も重要な業務の一つである。虎屋は、過去3,000を超える菓子を作ってきたが、そうした菓子だけでなく、新商品に関する情報も蓄積して提供している。社内に対する情報の発信としては、毎月の各部門の出来事を年表として社内に公開するほか、人事や営業部門で行われる研修に講師を派遣している。

虎屋本社ビル内虎屋文庫執務室

日本における伝統産業とアーカイブズ
―虎屋を中心に―

青木 直己

はじめに

　現在日本では、アーカイブズを積極的に経営に利用している企業は、いまだ少ないように思われる[1]。ただし酒造業や和菓子製造業をはじめとする伝統産業は、比較的アーカイブズを経営に利用しやすい環境にある。その理由の一つに、伝統産業の企業の多くが長い歴史を持ち、それぞれの企業の「歴史」そのものが、経営資源となっているからである。

　本稿では、株式会社虎屋を事例として、日本の伝統産業におけるアーカイブズ利用の事例を報告したい。ただし、企業アーカイブズの様態は企業の規模、業種、業態、そして何より当該企業の文化・風土などによって千差万別であり、あくまでもその中の一例であることをご承知おきいただきたい。

1. 虎屋の概略

　虎屋は室町時代後期の京都で創業[2]、現在に至るまで和菓子の製造販売を続けている。また天正 14（1586）年即位の後陽成天皇の在位中より、皇室へ菓子を納め今日に至っている。明治 2（1869）年の東京遷都に際し、京都の店はそのまま残し、店主の兄弟を東京に派遣して出張所を開設、皇室御用の継続を図った。ちなみに江戸時代の売り上げの約半分は御所関係が占め、残りが公家、京都所司代など幕府機関、大名、上層町人などであった。

　明治初年の東京は著しい人口減少に見舞われ、徳川家（将軍家）

や幕臣、大名と家臣やその家族など、高級菓子を商う上菓子屋の顧客であった武家層が東京から離れていった。そして同2年には鈴木越後や金沢丹後[3]といった東京(江戸)を代表する菓子屋が閉店する状況下での出店であった。虎屋では、西南戦争終結の2年後、明治12(1879)年に、店主自身が京都から東京に移っている。この時も京都店の営業は続け、東京店との2店体制となった。

2店体制は昭和10年代まで続き、戦後は直営店を増やすほか、昭和37(1962)年以降百貨店への出店を行い、現在78店舗(含虎屋菓寮・パリ店)を数えている[4]。本社(本店)は東京都港区赤坂、工場は東京、御殿場、京都に所在、従業員数はグループ総計で974人(2011年4月現在)、売り上げは約180億円である。

2. 虎屋文庫について

昭和48(1973)年、虎屋の古文書や古器物の保存管理、和菓子関係資料の収集および調査研究を目的に虎屋文庫を開設した。所蔵アーカイブズは前近代の経営史料である「虎屋黒川家文書」、明治から昭和22年の株式会社設立までの「近代経営史料」、それ以後の「企業史料」に大別される。そのほか古典籍(約3,000冊)、器物(約500点)、木型(約3,000点)や調査研究のための図書・雑誌なども所蔵している。また、社史の編纂も行い、刊行後も史料の収集などを継続している[5]。所在は本社ビル内にある。以前は美術品の収蔵・管理も担当していたが、現在では京都に収蔵施設を建設して順次移管中であり、管理は京都文化事業課が行っている。

主な業務としては、和菓子文化の調査研究[6]、年に1、2回程度の和菓子関連の展示[7]、論文や史料翻刻などを掲載した機関誌『和菓子』[8]の編集・刊行、史・資料の受け入れ整理を行っている。その他の業務については後で触れるが、年間1,400件を超える社

第一部　歴史マーケティングの力

内・社外からの問い合わせにも答えている。こうした活動の基本となるのが収集資料や虎屋のアーカイブズといえよう[9]。

なお配置人員は文庫長以下、7人で全員が専任、文庫長（部長）がマネジメント職、他は専門（研究）職の位置付けである[10]。

3. アーカイブズ・歴史資料の利用

以下では、虎屋におけるアーカイブズや歴史資料の経営に対する利用について、その一部を紹介したい。なお、便宜上アーカイブズとは、文書や簿冊あるいは帳票などの内、非現用となった記録史料を指し、歴史資料とは収集古典籍や製菓道具などの器物類（モノ資料）を含む多種多様な資料群を指すこととする。

【図1】は、虎屋の手提げ袋（ショッピングバッグ）である。

【図1】　虎が描かれた手提げ袋

この手提げ袋は、虎屋がかつて使用していた歴史資料をもとに作られた。江戸時代、上菓子屋は菓子を井籠[11]（せいろう）と呼ばれる大きな重箱に入れて運んでおり、中には豪華な螺鈿（らでん）作りのものもある（【図2】）。

第3章 日本における伝統産業とアーカイブズ

　3月3日は上巳の節句、女子の健やかな成長を祈り祝う雛祭である。この日には蛤などが行事食として食べられ、菓子では草餅や菱餅などが作られた。また、小さなかわいらしい菓子が作られる。こうした菓子は雛菓子と呼ばれたが、その雛菓子専用の井籠も用意された。【図3】は虎屋の雛井籠で、安永5（1776）年に20組作られたことが、外箱の箱書きによって分かる。

【図2】　竹虎青貝井籠
元禄11（1698）年

　五段重の高さは18.3cmほどで、雛菓子を入れてお客様の元へ届けられた。【図3】の雛井籠の外箱には「五百三」と書かれているが、井籠全体の通し番号か雛井籠のものかは不明である。もうお分かりのように虎屋の手提げ袋は、雛井籠に描かれた虎の絵を元にしている。手提げ袋は昭和45（1970）年の製作、かつて菓子を運んだ井籠の意匠を手提げ袋として現代によみがえらせたのである。

　【図4】は、現在雛祭にあわせて販売しているもので、先ほどの雛井籠を紙箱で再現したものである。

【図3】　蒔絵雛井籠
安永5（1776）年

51

第一部　歴史マーケティングの力

【図4】　現在販売している雛井籠

　「雛」には小さくかわいらしいという意味もあり、この井籠に入れられる菓子は小さく作られている。江戸時代の販売記録にも、雛菓子の大きさを実寸で示したものもある（【図5】）。また、他の菓子と区別するため雛菓子には「雛」の文字が入れられている（【図6】）。

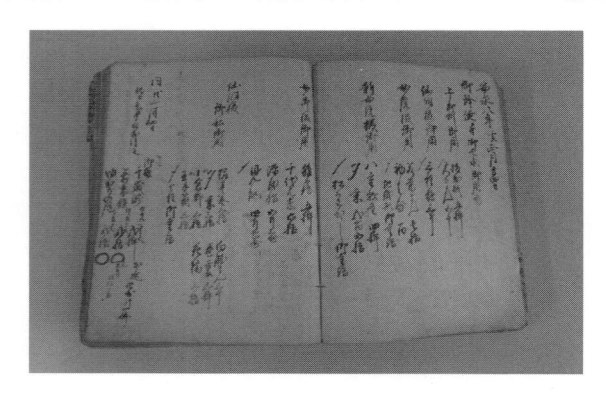

【図5】『後陽成院様御代より御用諸色書抜留』　左丁に安永8（1779）年3月の雛菓子御用が記されている。最後に雛菓子の大きさが図示されている

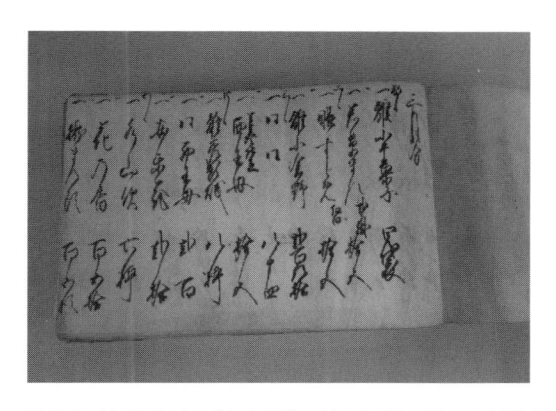

第 3 章　日本における伝統産業とアーカイブズ

【図 6】　天保 7（1837）年『大内帳』　禁裏御所へ納めた雛菓子の記録

　紙製の雛井籠は昭和 53（1978）年から販売されている。虎屋のシンボルマークの一つと商品が虎屋の歴史資料から生み出された例である。

4. 和菓子の歴史をとどめるアーカイブズ、菓子見本帳

　虎屋に残された前近代の記録史料（虎屋黒川家文書）は約 1,100 点を数える[12]。その中には日本の食文化史上重要な記録もある。縄文時代（紀元前 1 万年〜）以降、日本の菓子は長い歴史を持っているが、ほぼ現在のような姿になったのは、17 世紀後期の京都においてであった。この時期の京都は権威・伝統・信仰・生産技術・金融の中心地であり、公家や武家、上層町人などを中心に文化サロンが形成されていた。華やかな元禄文化のもと、サロンや茶の湯のなかで菓子は洗練され、菓子がさまざまな形に意匠化され、同時に『古今和歌集』など、王朝文学作品から採ったみやびな名前が付けられるようになった。こうした菓子の名を菓銘と呼ぶ。意匠と菓銘が付加されるようになって、和菓子は大成された[13]。

第一部　歴史マーケティングの力

　和菓子は五感の芸術と言われている。おいしさを味わう「味覚」、菓子を口に含んだときの舌触りや楊枝で切るときの「触覚」、小豆などの素材のほのかな香りを楽しむ「嗅覚」、そして菓子の姿を眼で見る「視覚」、みやびな菓銘を耳で聞く「聴覚」、和菓子はまさしく五感で味わうものである。

　和菓子の姿を彩色して描き、菓銘、時には原材料などを注記した冊子を菓子見本帳あるいは菓子絵図帳と呼んでいる。これらは菓子のカタログとしての役割も果たしていた。江戸時代の虎屋では菓子の注文は、お客さまからのお使いが注文書を持参して、品目と納品日時を指定されることが多い。この時、菓子を選ぶ参考としたのが菓子見本帳であり、お得意さまごとに用意されていたと思われる。当時、カタログや菓子の製造・販売のための記録として現用に供されたが、現代の虎屋にとっては重要なアーカイブズとして位置付けられる。

　【図7】は、虎屋に伝わる元禄8（1695）年の「御菓子之畫圖」で、大成期の和菓子の姿を現在に伝えている。

【図7】　元禄8（1695）年『御菓子之畫圖』

　この「御菓子之畫圖」は、年代の分かる絵図帳では最も古いことから、新聞・テレビなどの取材で度々取り上げられているほか、虎屋の広告などにも活用され、虎屋文庫が行う和菓子関連の展示では、重要な展示資料にもなっている[14]。また、記載された菓子は、現在でも製造されることもあり、「御菓子之畫圖」を利用

第3章　日本における伝統産業とアーカイブズ

することによって、商品である菓子に歴史性を与えることができる。虎屋には江戸時代を中心に菓子見本帳が十数冊残されるほか、近現代でも新たに作成されることがあった。

5. 前近代の販売記録から

　虎屋の販売記録には歴代天皇や皇族、公家や大名、幕府の京都所司代や寺社あるいは三井家などの豪商の名が多く見られる。中には江戸城の本丸（将軍）の元に菓子を届けた記録もあり、幕末の文久3（1863）年、征夷大将軍として229年ぶりに上洛した徳川家茂から、在京中の将軍家御用も命じられている。

　販売記録に登場する人々の中には、一般に広く知られたいわゆる歴史上の人物の名も見受けられる。一例を挙げれば元禄文化を代表する芸術家である尾形光琳、忠臣蔵で有名な吉良上野介義央、水戸黄門こと徳川光圀の注文記録などもある。

　【図8】は、元禄13（1700）年4月13日に光圀が虎屋に菓子を注文した時の記録である。

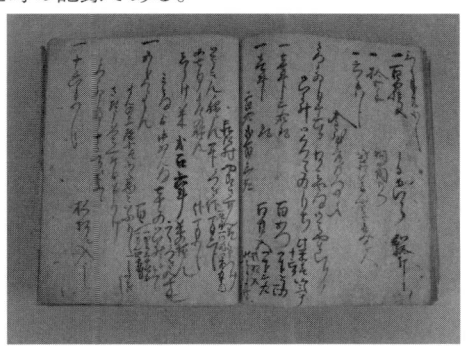

【図8】 元禄7（1694）年『諸方御用之留』　元禄13年4月13日条。徳川光圀から中院通茂に誕生日祝いの饅頭を贈った記録。光圀に仕えた安藤為章の記録にもこの時の饅頭のことが記されている

　この時、光圀は友人である公家の中院通茂の70歳の誕生日を

55

第一部　歴史マーケティングの力

祝って、100個の饅頭を贈っているが、饅頭の重さは年齢に合わせて一つ70匁（約263グラム）、上には紅色で「ふく（福）寿」と記すよう指示があった。この史料は虎屋のウェブページ上で紹介されたり、虎屋文庫展で紹介されたりしており、マスコミなどでも何度か取り上げられている。こうした情報を得られた方から、「徳川光圀の福寿饅頭」と指定してのご注文もあった。

虎屋には年会費を頂いて、特別にお作りした生菓子をご自宅や指定の場所へお届けする「菓撰会」がある。歴史上の人物や行事にちなんだ菓子などが年間テーマとして設定されることもあり、そうした折には、前近代や近代以降の記録から、菓子が選ばれる場合もある。なお、こうした記録史料に記載された菓子情報は、データベースを作って少しずつ情報の集積を図っている。

【図9】「福寿饅頭」（復元）

6. 社内における情報の共有化とアーカイブズ

店頭や電話などで菓子の由来や歴史について、お客さまから直接質問を受けることも多い。そうしたことに備えて毎月の販売菓子の解説が作成され、店舗に配布される。その基本的な文章は、記録史料や参考資料を基に虎屋文庫で作成し、営業部などでアレンジして全社で情報を共有化している。

またイントラネットでは「虎屋文庫」のコーナーがあって、その中に「虎屋菓銘解説」[15]として、菓子の由来、虎屋のアーカイブズにおける初出年代をはじめとする情報を掲載しており、基本的に社員各自がアクセス可能な状態にある。こうした試みは虎屋に限ったことではないが、アーカイブズから得られる情報を直接営業に利用している例と言える。また製造部門ほかの各部署へ

第3章　日本における伝統産業とアーカイブズ

の情報・資料の提供に際して、基本となるのが前近代、近現代以来のアーカイブズの集積なのである。

7. アーカイブズと現用文書の収集と利用

　これまでの紹介では、いささか前近代アーカイブズに偏していたようである。

　最後ではあるが現代のアーカイブズなどの収集について若干触れておきたい。虎屋では現用（含半現用）文書は、各部署にて保管管理する分散管理を行っている。こうした文書や帳票類は、定められた保存年限を過ぎると廃棄される。その前に各部署で廃棄文書を入れた段ボール箱を所定の場所に搬入してもらい、虎屋文庫員が確認して歴史的な価値があると思われる文書を抜き出し、その後はアーカイブズとして保存管理している。それ以外にも、各部署に対して廃棄文書がある場合には、通知してもらうよう働きかけを随時行っている。また、退職社員から在職中の資料がもたらされる場合もある。

　近年では文書の電子化が進んでおり、各機関で保存・利用についてのさまざまな取り組みが行われつつある。虎屋における例をご紹介したい。多くの企業各社のイントラネット上には、毎日多くの文書が掲載されている。文書・資料名は同様であっても、企業によって内容の違いが大きい[16]。虎屋の主な文書名は「決裁書」「業務依頼書」「業務報告書」「報告書」「議事録」「掲示」などである。他に人事や規定、福利厚生をはじめ多くの情報が公開されている。

　業務内容や関わる部署の範囲、職務権限によって、公開対象となる部署や個人が限定される場合がある。そこで事前に文書の公開対象に虎屋文庫を入れるよう依頼して、公開されると紙に印刷して、将来のためそれぞれフォルダーに保存している[17]。

57

【図10】　廃棄文書を入れた段ボール

【図11】　デジタル文書を打ち出して保存している

　また、公開された文書や情報から、必要と思われる事項をエクセルファイルにまとめ、年表として一月ごとに社内に公開している。社員一人一人が、現在の会社の動きを知り、過去にさかのぼって情報を集め、業務に利用する手立てとなっている。ただし、これら電子文書は現用文書であり、アーカイブズ部門が関わるべきではなく、本来レコードマネジャーの職務に属すべきという指摘もあろう。しかし、公開期限のある「掲示」類などを発生時点で収集することも必要と考える。公開される年表は、社史編纂過程

第 3 章　日本における伝統産業とアーカイブズ

で作成した年表が基になっていることから、社史の担当部署でもある虎屋文庫が、記録史料の収集保存と併せて行っている。

社史の編纂過程では、多くの現役・OB 社員、経営層、同業者あるいは業界団体をはじめ多くの方々のインタビューを行い、記録史料のみではうかがうことのできない事実を得ることができた。社史刊行後も退職社員のインタビューを行って、オーラルヒストリーの積み上げも継続している[18]。

本稿はシンポジウムに先立って提出した発表原稿の語調を整え、若干の加筆と注記を行ったものである。また、内容の中には報告者の私見に基づいた発言もあり、必ずしも組織としての見解を示していない箇所もある。

［注］
1) かつて企業アーカイブズは社史との関わりで捉えられることが非常に多かった。しかし、近年徐々にではあるが経営資源として位置付け、あるいは企業が果たすべき社会的責任との関わりの文脈で論ぜられることも増えている。
2) 創業年を明確に示した文書はないが、現在のところ 1520 年代と推定している（『虎屋の五世紀〜伝統と革新の経営〜』（通史編）。注 5 参照。
3) 鈴木越後は羊羹で有名な店、金沢丹後は幕府御用を務めた菓子屋で、宝暦 2(1755) 年の資産は 1 万 1,566 両に及んでいる。また同じく幕府の御用を務めた大久保主水、宇津宮内匠、虎屋織部などの動向は明治以後不明となっている。
4) その他にグループ会社運営のトラヤカフェ(3 店)、とらや工房（1 店）がある。
5) 2003 年 11 月『虎屋の五世紀〜伝統と革新の経営〜』（通史編・史料編）を刊行した。同書は各都道府県図書館や大学などに寄贈している。また、DNP 年史センターのウェブサイト「社史の杜」で通史編の本文を見ることができる。
6) 食品の科学的な研究は虎屋総合研究所（御殿場市）が行っている。
7) 展示室（虎屋ギャラリー）は約 90 ㎡、来場者数は展示によって増減があるが、1 カ月間に 5,000 人前後が多い。
8) 2011 年 3 月に第 18 号（146 頁）を刊行。

9) この件数は直接虎屋文庫に問い合わせがあったものの他、他部署にあった問い合わせが文庫へ回されたものも含む。2010年度は1,452件(社内773・社外679)の問い合わせがあった。社外はお客さまをはじめマスコミ、研究者、学生と多様である。
10) 嘱託社員一人を含む。
11) 外居(ほかい)とも言う。
12) この点数は店の規模と歴史を考えると非常に少ないが、近世に数度の火災に遭っていることも影響していると思われ、また何らかの「整理」が行われた可能性もある。なお前近代史料である「虎屋黒川家文書」は同志社女子大学図書館で、マイクロフィルムで公開している。詳しくは虎屋および同志社女子大学図書館のウェブサイトをご覧いただきたい。
13) ここで大成した和菓子とは、当時非常に高価な白砂糖を使用した上菓子を指す。庶民を含めて都市・農村において広く「菓子」が享受されるのは、文化・文政以降の江戸後期と考えている。
14) 使用頻度が高いため、レプリカを作成・利用して劣化を防いでいる。
15) そのほか虎屋の歴史、機関誌『和菓子』、所蔵史資料、講演会、展示などの情報を掲載している。
16) こうした違いが、資料管理やアーカイブズの企業間における相互理解の障害となっている点も指摘できよう。しかし、ここでは同質化を求めるより、それぞれの企業風土・文化の違いとして理解したい。こうしたことは企業(民間)対官公署の資料管理・アーカイブズにも言えることである。
17) 電子情報としての保存は担当セクションで行っている。
18) 録音から全文のテープ起こしを行っている。

Photographs:(株)虎屋

第4章

アンサルド財団

アーカイブズ、トレーニング、
そして文化

クラウディア・オーランド
中山 貴子 訳

第一部　歴史マーケティングの力

クラウディア・オーランド
Claudia Orlando

アンサルド財団
コンサルタント

　クラウディア・オーランドは1982年11月15日ジェノバ生まれ。2005年7月にジェノバ大学を卒業した。専攻は外国語、特に英語とフランス語である。2008年3月、国際コミュニケーションのための外国語ならびに文化の修士号を得ている。2004年以来、ジェノバ大学公開講座とその他の私立学校数校で英語とフランス語を教えている。フリーランスの翻訳家でもあり、2006年以来アンサルド財団にも勤務している。財団ではウェブページ編集者であり、国際アーカイブズ評議会企業労働アーカイブズ部会との窓口を担当している。そしてオンライン・ジャーナル"Cultura e Impresa"(『文化と企業』)の編集スタッフの一人でもある。

アンサルド財団（イタリア）

　アンサルド財団はヨーロッパにおいて、企業の文化のために設けられた機関の中では最も創造的で活動的な組織の一つである。財団は、アンサルド歴史アーカイブズの再編の後、2000年にフィンメッカニカ株式会社、ジェノバ市議会、ジェノバ県とリグーリア州によって設立された。非営利機関であり、学術研究、技術的専門的トレーニング、文化行事、そして歴史・アーカイブズ遺産活用の振興に取り組んでいる。財団ではジェノバ市・県とリグーリア州の数多くの私企業やその他の経済主体から移管された文書

第4章　アンサルド財団

記録、フィルム、写真、モノ資料の非常に大きなコレクションを所蔵している。財団本部では、書架延長15kmにわたる、19世紀中葉以来の企業史料を公開している。この中には会計、経営、そして技術文書が含まれる。新規収集や寄付によって絶え間なく更新され成長している財団の大規模な遺産は、イタリアの文化財・文化活動省によって歴史的重要性を認められている。財団はまた、専門トレーニング活動の運営センターとして認定されている。

アンサルド財団の外観

第一部　歴史マーケティングの力

アンサルド財団
――アーカイブズ、トレーニング、そして文化――
クラウディア・オーランド

はじめに

　1853年創業のアンサルド社は、鉄道部品の製造と修理、造船、航空機の設計や製造を行うイタリアのエンジニアリング企業である。同社が1978年に創業125周年を迎えた際、広報責任者は歴史をテーマとした展示会を企画することにし、5万点の記録物、2,000点の写真を集めた。これらの記録資料が、イタリア最初の地域的アーカイブズであるアンサルド歴史アーカイブズの中核となった。ここで指摘しておくと、当時のイタリアではアーカイブズが文化的資産と見なされておらず、従って企業は記録を保存したり、専門機関に委託することを法律で義務付けられてはいなかった。それどころか、記録は重荷であり、それらの保存は避けるべき追加コストと見なされていた。それゆえ、アンサルド歴史アーカイブズが企業に記録物の提供を直接依頼したときには、かくも大成功を収めたのである。同アーカイブズが公開され、アーカイブズが会社や社員の中でさまざまな調査をするうちに、記録物の数は増えていった。さまざまな企業――アンサルド社と無関係の企業まで――また一般の人も、自らの記録を散逸や廃棄の危険から守ろうと、アンサルド社に寄贈し始めたことで、アーカイブズ所蔵の記録物の数は増え続けた。

　2000年に、アンサルド歴史アーカイブズは、フィンメッカニカ社およびジェノバ市議会、ジェノバ県、リグーリア州という三つの行政レベルの協力の下、アンサルド財団となった。フィンメッカニカグループは、航空宇宙産業や軍需産業、安全保障分野を中

心とした、イタリア内外で極めて重要な企業グループである。同グループが関与したことで、グループ傘下の多くの企業のみならず、イタリアの文化財・文化活動省、ジェノバ大学、ジェノバ商業会議所といったリグーリア州の重要な組織や同州の民間企業も新生アンサルド財団に関与することとなり、また、イタリア産業総連盟ジェノバ支部も組織・財政の面で支援した。

　同財団は、経済、ビジネス、労働文化の問題を専門としている。中でも、研究、催し物、専門的トレーニングに力を入れており、民間企業その他の経済主体が生み出したアーカイブズ遺産の保存と利用に携わっている。

1. ヴィラ・カッタネオ・デッロルモ

【図 1】 アンサルド財団のエントランス・ホール

　アンサルド財団本部は、17 世紀に建てられたヴィラ・カッタネオ・デッロルモにあり、これはジェノバ郊外の歴史的建造物を再生・再利用した成功例といえる。この土地はもともと、ジェノバで最も有力な貴族の一つであるグリマルディ家の所有するもので、同家は 15 世紀後半にこの区域を所有し、その 1 世紀後にこ

第一部　歴史マーケティングの力

の邸宅を建てた。幾度か所有者の変遷を経た後、17世紀にまた別の有力貴族、カッタネオ家が改築して今日われわれが知る姿となった。1978年にアンサルド社が購入、全面的な修復を施し、現在はフィンメッカニカ株式会社所有のものとなっている。

この邸宅内部の間取りは、専用礼拝堂その他の共有スペースがある1階と、個室や宴会場などの私的スペースがある2階とに分かれている。内部は18世紀、特に新古典主義時代にまでさかのぼるフレスコ画で飾られている。屋敷内外の修復には、元の構造やフレスコ画を保存する技術が用いられ、かくしてこの非凡な建物が財団本部として利用できるようになったのである。

現在この建物にはオフィス、実験室、保管庫、IT室、大ホール、講堂や書斎がある。建物にはISDNやADSLのテレビ会議システム、音声や映像用のリニア・非リニアの編集システム、タッチスクリーン式電子黒板、16mmと35mm用フィルム編集機などの最新テクノロジーが備わっている。

2. アーカイブズ遺産、文化活動、そして研究

アンサルド財団では、書架延長15km以上に及ぶ19世紀中葉以降の企業、会計、行政、技術に関する記録を公開している。

写真アーカイブズは、19世紀後半以降の科学技術の変化、産業の光景、企業文化と社会の相互影響関係を記録した、写真約40万点を保存している。フィルム・アーカイブズは、イタリアの多くの重要産業や1920年代から現代までのジェノバとリグーリアの経済的、社会的、文化的生活のさまざまな局面を映した5,000本のフィルム原版を保存している。具体的には、企業ドキュメンタリー、教育映画、ニュース映画、広告映画やフィクション映画といったものがこのコレクションに含まれている。2011年2月、財団は産業映画記録を保護し、その価値を高めるため"映画と産業"というプロジェクトを立ち上げた。手始めにフィルム・

アーカイブズで保存する 1 万本以上のフィルムを修復・デジタル化する計画である。

【図2】 アンサルド財団内フィルム・アーカイブズ

　こうしたコレクションに加え、財団は年代物の工芸品、記念品、縮尺模型、その他産業界に関連するモノ資料の少なからぬコレクションも有している。さらに、オーラルヒストリー、技術的デッサン、定期刊行物、株券、船舶登録証の一大コレクションも保存している。

　財団によるアーカイブズ資料の保存と公開は、現在、文化財・文化活動省のアーカイブズ関係部局と協力して行われている。また、当局により財団アーカイブズは高い歴史的価値を有するものであると指定されている。加えて財団は、イタリア産業考古学遺産協会、イタリア・アーカイブズ協会、欧州アーカイブズ会議、国際アーカイブズ評議会などのアーカイブズ機関に加盟し、また、多くの労働ないし企業博物館と協同している。

　当アーカイブズは毎日開館している。しかし、コレクションの所蔵資料を利用するにあたっては、記録・写真アーカイブズ担当のアーキビストと、フィルム・アーカイブズ担当のアーキビスト

が各一人しかいないことから、事前予約と研究計画書の提出が必要である。

当機関は、実業史や企業文化、ならびに産業システムやマーケットにおける政策の特徴や進化に特に関心を持っている。この研究上の目標を達成すべく、2008年には科学委員会を設置し、フィンメッカニカ社やイタリアのさまざまな大学の協力を得て、三つの主要な研究プロジェクトを始動させた。そのプロジェクトは、イタリアにおける経済の変化、大企業における国家の役割、イタリア企業の科学技術の進化を主題としている。

こうした活動に加えて財団は外部の研究支援も行っており、学術論文や科学的研究のためにアーカイブズの資料を用いて研究を行ったり、ドキュメンタリーや映画製作のために映像やビデオを収集したりする研究者や学生を毎年数多く受け入れている。アンサルド財団のフィルム・アーカイブズの映像クリップを多数用いて製作され、2009年のトリノ国際映画祭賞、ベルリン国際映画祭のテディー賞、2010年の最優秀記録映画のダビッド・ディ・ドナテッロ賞などさまざまな賞を受賞した"ラ・ボッカ・デル・ルポ"という映画は、そうした研究成果の際立った一例である。

【図3】　アンサルド財団閲覧室

第 4 章　アンサルド財団

　当アーカイブズのコレクションは、研究者を支援するだけでなく、出版や展示といった文化的プログラムを実施する組織でも利用されている。財団の最も重要なプログラムの中で、コレクションを利用してフィンメッカニカ社を支援した好例が、2008 年にフィンメッカニカ社の設立 60 周年を記念して催された写真展示"未来への遺産"である。そこでは、船舶や鋳物類の古い写真から列車、発電所、航空機、研究所、レーダー、ヘリコプター、管制センターや衛星といった現代の写真まで、170 枚の写真が展示された。これらの写真は、イタリアの工業化プロセスにおける各発展段階や、現在国内外でフィンメッカニカ社が果たしている役割を説明してくれる。展示と共に、アンサルド財団編集部門が編集した 2 カ国語のカタログや、1948 年から 2008 年までのフィンメッカニカ社史のビデオも作られた。

　財団には、ジェノバやリグーリア州の有力企業から展示用資料貸し出しの問い合わせが絶えない。そのような例として、イタリア大統領のアンサルド・エネルジーア社の工場訪問時や、小規模ながらも企業文化を振興させる興味深いイベントのために提供した資料がある。2011 年も、財団のコレクションは、イタリア共和国の建国 150 周年を祝う展示、イベント、出版を企画する多くの機関、企業、労働組合、学校、大学の利用に供された。

　2008 年、アンサルド財団は自前の出版部を設け、ジェノバで最も影響力のある経営者の一人、エンリコ・アルバレートの伝記と、展示"未来への遺産"のカタログを出版した。その後 2009 年にはコレクションの中でも主要な三つのフォンド（出所を同じくする資料群）の収蔵目録を出版した。

3. トレーニング

　アンサルド財団は良質の専門的、経営管理、工業技術トレーニングの中心地となることを目指しており、財団本部はリグーリア

州における公認の常設上級職業訓練機関と考えられている。特に、フィンメッカニカ社中央人事管理部が支援していることから、財団はこの分野で活動するのに必要な組織的・方法論的なツールを全て持っているのである。

　財団では、フィンメッカニカ社と同グループ傘下の企業が連携したさまざまな修士号プログラムを提供している。その一例がFhink 修士号プログラムの最初の授業で、これはフィンメッカニカ社が世界中の大学院生を対象とし、彼らが複雑な世界経済シナリオの分析に備えることを目的として組織したものである。さらに財団は、他の機関や企業が行うトレーニングも支援している。ジェノバ大学その他の地元の機関・企業と共同で組織した"国際ビジネスリーダーシップ"の修士号プログラムに財団はその立ち上げから加わった。この修士号プログラムは 2010 年 6 月に終了したが、高度な科学技術力を持つ企業で働く、国際マーケットに対応した経営管理スキルを身に付けたいと思う 20 人の中間管理職が修了した。

　将来に向けて、財団は現在、企業（例えばフィンメッカニカ社）とその主要納入業者の協力関係強化を目的とした新しいトレーニングの構想を研究・計画しているところである。

　これらの多様な、しかしいずれも等しく重要な活動を通じ、アンサルド財団は新しい資源を生み出し科学コミュニティーに情報を提供する一方、工業分野でのしっかりしたノウハウを有する国としてのイタリアのイメージ向上に貢献している。従って企業文化とは、企業組織と労働の世界の価値を高める一つの手段なのである。

Photographs：Fondazione Ansaldo

第 5 章

アーカイブズを展示する
ことによる商業上の効果

第一部
歴史マーケティングの力

ケイティー・ローガン
シャーロット・マッカーシー
渡邉 美喜 訳

第一部　歴史マーケティングの力

ケイティー・ローガン
Katey Logan

ローガン・マッケーブ社
コンサルタント

　ケイティー・ローガンは20年間にわたりFTSE100（ロンドン証券取引所の上位100銘柄）企業の社内アーキビストとレコードマネジャーとして勤務した。2009年にイギリスの「ビジネス・アーカイブズに関する全国的戦略」を執筆し、ウェブサイト "Managing Business Archives"（http://www.managingbusinessarchives.co.uk）を開発した。ビジネス・アーカイブズ・カウンシル（Business Archives Council）の理事で、現在は北京に本拠を置いている。

シャーロット・マッカーシー
Charlotte McCarthy

ブーツUK社
シニア・アーキビスト

　シャーロット・マッカーシーは2008年9月からブーツ社に勤務し、ブーツ社アーカイブズのシニア・アーキビストである。2000年、ウェールズ大学バンゴール校のアーカイブズ管理学修士課程を修了。その後、ダンス学校や飲料会社を含めたいくつかの専門的記録保存機関や企業の記録保存機関に勤めてから、ノッティンガムのブーツ社アーカイブズに勤務。

第5章　アーカイブズを展示することによる商業上の効果

ブーツ社とブーツ社アーカイブズ（イギリス）

　ブーツ社はイギリスでは目抜き通りにあって最も親しまれ、信頼されている店の一つである。そのアーカイブズのコレクションの年代は創業以前にさかのぼり、400年にも及ぶ。

　最初のブーツ店舗は1849年、ジョン・ブートにより薬効治療と個人診察のためにノッティンガムで開設された。息子のジェシーは薬剤や健康管理製品を、全ての人が支払える値段で誰でも入手できるようにした。熟達した顧客サービスで最高品質の製品を他より安い値段で提供する、という彼の方針を通して、ブーツ社に対する継続的な信頼が築かれた。これがブーツ社に「国民の薬局」という評判をもたらした。

　ブーツ社アーカイブズは10年以上活動し、記録、視聴覚資料、伝記の記録、博物館資料の幅広いコレクションを持っている。そのコレクションは薬草商に始まり、薬局、健康管理や美容品販売店としての160年以上の歴史を描いている。アーキビストとレコードマネジャーから成る小人数のチームは、アライアンス・ブーツグループの全グループの営業、新製品開発、法律、トレードマーク、広報のチームのために、完全に統合された企業アーカイブズと記録管理サービスを、ノッティンガムのブーツUK本社で提供している。

ブーツ社アーカイブズの外観
（Photograph：Boots UK）

第一部　歴史マーケティングの力

アーカイブズを展示することによる商業上の効果 [1]

ケイティー・ローガン、シャーロット・マッカーシー

1. はじめに

2009年、ブーツUK社はブーツブランドの創設160周年を祝した。ブーツ社のアーカイブズチームは、ノッティンガム大学の手稿・特別コレクション部門 [2] と共同し、ノッティンガム大学の寄付者であり後援者としての同社の歴史と共にその160周年を紹介する展覧会を企画した。本稿は、160周年を記念した展示とキャンペーンを活性化させるために、ブーツ社のアーカイブズチームが社内の同僚たちやもう一つのアーカイブズチームと、いかに共同的に活動したかを記述するものである。このキャンペーンは、企業に長期間に及ぶ利益をもたらし、ブーツブランドにとっては英国の内外で実際的な商業上の効果があった。

1.1. 展覧会概要

題　名：ブーツ1849〜2009：気分を良くする処方の調合
　　　　（無料催事）
会　場：ウェストン・ギャラリー
　　　　（ノッティンガム大学レイクサイド・アーツ・センター内）
会　期：2009年9月9日（水）〜11月22日（日）
内覧会（要人、マスコミ向け）：9月9日　午前12時〜午後2時
内覧会（展覧会関係者向け）：9月9日　午後5時〜7時

1.2. 展示のテーマ [3]

「家業」：ブーツ社の始まりと家業としての草創期を説明。

「地域が大切」：ブーツ社が、ノッティンガムの地域社会に対し資金を援助してきた伝統を図表に描く。

「受け継がれてきたものの中にある絆」：ブーツ社とノッティンガム大学との関係を探究。

「人々の薬局」：信望のある調剤業としてのブーツ社の伝統を祝う。

「目抜き通りの有名店」：ブーツ社における小売り、健康と美容の歴史を評価。

「ブーツ社での生活」：ブーツ社の販売店、工場、研究所における労働環境や生活の様子を含む、ブーツ社の先駆的な社員福利の取り組みを紹介。

1.3. ランチタイムの講演とワークショップ

展覧会に付随した参加費無料のランチタイムの講演シリーズ。レイクサイド・アーツ・センターのチケット売り場を通じ事前予約制。

「家業」：ソフィー・クラップ（ブーツ社アーキビスト）がアーカイブズにある画像を用いながら、ブーツ社とブート一族の歴史について紹介。

「過去をひも解く」：ブーツ社のアーカイブズチームが、商業活動を含め今日の業務を支援するために、アーカイブズにある所蔵資料がいかに利用されているかを説明。

「ブーツ社：地域社会の中の企業」：シャーロット・マッカーシー（ブーツ社シニア・アーキビスト）が過去2世紀に及ぶ地域社会への資金提供に関するブーツ社の実績について説明し、オーナー・ターンボール（ブーツ社CSR部門責任者）はブーツ社の現在の地域社会での取り組みを紹介。

「ブーツ社の思い出を集めるワークショップ」：ブーツ社で働いていた思い出を共有するため、ブーツ社の退職者50人が参加。

第一部　歴史マーケティングの力

ブーツ社アーカイブズチームと地元の作家アンディ・バーレットが共有を支援。

2. キャンペーンの計画

グループコミュニケーションの部長と、ブーツ UK 社とわれわれの国際事業のうちのいくつかのコミュニケーション部門と共に、アライアンス・ブーツ社[4)]内に傘下企業間にまたがる作業部会が設立され、創業 160 周年を盛り上げるためにグループ全体のコミュニケーションキャンペーン（広告営業）を企画した。キャンペーンの中心となるのは、ノッティンガム大学を会場とした、ブランドの伝統を祝う展覧会であった。

【図1】　展覧会チラシ（Photograph：University of Nottingham）

3. 展覧会の計画

展覧会は、ノッティンガム大学とブーツ UK 社の双方のアーカイブズチームによって着想され、計画された。このプロジェク

第 5 章　アーカイブズを展示することによる商業上の効果

トチームは展覧会開催の 9 カ月前となる 2008 年 12 月に打ち合わせを始め、展示の目的とおおよその内容の同意を得た。それからチームは毎月会合を持つようになり、通常は参加機関それぞれから 2、3 人のアーキビストが出席し、パネル、展示物、キャプション、視聴覚資料の内容と広報物といった展覧会の詳細について検討を行った。

　会場運営に関わるあらゆることは、レイクサイド・アーツ・センターの施設担当者に直接働きかけることができる大学側のアーキビストが担った。その一方、ブーツ UK 社のアーキビストはアライアンス・ブーツ社の同僚と共に、自社のコーポレート・ホスピタリティとイベントのためのチームを通じて開会式の運営に携わった。

【図 2】160 周年記念展覧会の記者向け開幕式であいさつするソフィー・クラップ　　　　　　　　　　　　　　　　　　　　（Photograph：Boots UK）

　加えてブーツ UK 社のアーカイブズチームは、レイクサイド・アーツ・センターの教育担当者と共にワークショップのイベントを準備した。とりわけ地域の学校に向けて教育用パッケージを開発し、ビクトリア時代の医薬品の製法と販売について、多種類の

第一部　歴史マーケティングの力

ワークシートを作り、薬局から発想した研修会を実施した。

4. ブーツ社アーカイブズにとっての展覧会の成果

　ブーツ社のアーカイブズチームは展覧会の結果として、どのような直接的な利益を見いだしているのだろうか。まず、社内からの問い合わせ件数が著しく増加した。次に、グループ内の他のチームが、いかに自らの業務をアーカイブズチームが支援できるかを検討し始めたことである。

　アーカイブズの所蔵資料という観点においては、展覧会とワークショップを開催したことにより、多くは退職者であるが、一般の人々から寄贈される新たな資料の数が増した。その中には、未公刊の文書、写真、一般的な情報、家族の回顧談、二次資料、製品、そして「思い出を集める」ワークショップで実施された聞き書きの写しなどが含まれる。さらには何人もの来場者が自身のオーラルヒストリーをアーキビストと共有しようと申し出て、その後アーカイブズチームは、1950年代と60年代に鎮痛剤のイブプロフェンの発見に貢献した研究開発部門の専門家たちに対しオーラルヒストリーを実施した。かつてのブーツ社の従業員と関係者たちは、アーカイブズチームに直接連絡を取るばかりでなく、来場者向けのノートに感想を残したので、それが情報源とオーラルヒストリーのインタビューを行うための機会ともなった。中でも最も重要であったのは、ブーツ社を研究している歴史家であるスタンリー・チャップマン元教授で、彼はノッティンガム大学の手稿・特別コレクション部門に所蔵されている彼の研究に関わる論文や資料の閲覧を許し、手稿資料や希少な雑誌などの個人的なコレクションから資料を提供した。

　最後に、ブーツ社のアーカイブズチームにとって、大学という場にいる専門職の仲間と協力して仕事をしたという経験は、1マイルも離れていない隣人同士でありながらも、これまでは情報交

換をしてこなかったアーキビストに出会い、専門的知識を共有する好機になった。こうして専門職の視野を広げたことは、さまざまな段階において利益をもたらした。

5. ブーツブランド創業160周年記念事業以後の企業にとっての利益

アーカイブズへの直接的な利益の他に、記念事業は企業にとって、アーカイブズに限らずいくつもの主要な領域に及ぶもっと幅広い価値があった。

5.1. コーポレートアイデンティティー——積極的な促進

> 「報道は驚くほどに積極的なものであり、二つのチャンネルともにわれわれのブランドに対し熱心な司会者がいた」
>
> ブーツ UK 社広報部長

レイクサイド・アーツ・センターで開催されたブーツブランドの創業160周年記念展は、大学の手稿・特別コレクション部門チームが自らのアーカイブズの所蔵品を用いて企画する定期的な展示の一つであった。ブーツ UK 社との共同作業は、多くのメディアの関心を引いた。というのも、ノッティンガム州の重要な雇用主であるブーツ社の歴史であり、さらに地域の人々が「大企業」の歴史に強く関心を示すことを地元メディアは認識していたからである。以前行った、自転車製造業ラレー社[5]についての展示は、空前絶後と思えるほど地域の関心を巻き起こしていた。ブーツ UK 社の広報チームはイベントと、中でもブーツ社のアーカイブズにあるテレビ放送にふさわしいフィルム映像を提供すると売り込み、その結果としてメディアの報道は広範囲となった。

・「BBC イースト・ミッドランド・トゥデー」では、展覧会の内覧会を、ブーツ社アーキビストであるソフィー・クラップのインタビューとブーツ社アーカイブズからのフィルム映像ととも

第一部　歴史マーケティングの力

に紹介。
・「ITV セントラル・ニュース」では、展覧会の内覧会を、ブーツ社アーキビストや来館者らのインタビューとブーツ社アーカイブズからのフィルム映像と共に紹介。
・「BBC ラジオ・ノッティンガム」では、ブーツ社アーキビストと共に生放送し、聴取者からの反応が大変良かったことから、後の番組では追跡取材による録音放送、そしてウェブサイトについても重点的に報道。
・『ノッティンガム・イブニング・ポスト』紙は第一面の写真と見開きの記事で紹介。後の版では、「過去の出来事」面でブーツ社に勤めてきた4世代の家族の回顧録を特集。

　ブーツUK社の広報キャンペーン「ブーツ社の160年 — 1849年以来人々の気持ち良さをお手伝い」の結果として、ブーツブランド160周年の報道は『デーリー・メール』、『リテール・ウィーク』、地方紙のいくつかと、『ケミスト・アンド・ドラギスト』や『薬学ジャーナル』といった専門誌にも取り上げられた。
　広報の取り組みの一環として、ブーツ社のアーカイブズチームは、展覧会のために記念商品をいくつか制作した。展覧会の六つのテーマにちなんでハガキ6種[6]を作り、寄付を目的としてレイクサイド・アーツ・センターへの来場者に対して販売した。売り上げは400ポンド以上となり、収益はBBCのチルドレン・イン・ニード・アピール[7]に寄付された。「ブーツ社は信頼できる」という宣伝文句と160周年のロゴをあしらったしおりや記念の布製バッグも製造され、ワークショップや発表会、開幕式で一般の人々に配布された。加えて、アーカイブズが得意とする広報ツールであるブーツ社の歴史に関する高品質の小冊子が改訂され、160周年に関する情報とロゴを盛り込んだ。

第 5 章　アーカイブズを展示することによる商業上の効果

5.2. 従業員の関与―大きな反応

　「私のチームと私は展覧会をすっかり楽しんだ。私はこういった思いやりのある会社で働いてきたことをとても誇らしく思う」
　　　　　　　　　　　　販売店サービス・センター・マネジャー

　展覧会の重要な目的とは、企業の出発点と、つつましやかな始まりから目抜き通りの信頼のおける店となり、薬を核とした健康と美容に関する国際大手グループの一部となるまでの発展の特別な物語を示すことにより、ブーツ社の従業員を奮い立たせることである。展覧会のテーマを通じて従業員たちは、ブーツブランドの成長と成功をもたらした会社の偉業を認識できるようになった。企業文化という観点からは、公共の場でブーツ社の偉大な伝統と歴史を祝し、啓発したことで、大きな成果があった。
　展示会場はブーツ社のビーストン事業所から 1 マイルほど離れたノッティンガム大学のキャンパス内であり、ブーツ UK 社に勤める多くの人が研修やチーム編成活動の一環として、または個人的に友達や家族と一緒に会場を訪れることができた。未登録の薬剤師を支援するブーツ UK 社の地区ごとの指導係の薬剤師が展覧会場を訪ねたことからも、展示というものの教育的な強みが示されていよう。
　展覧会場を訪れることに加えて、従業員は会社のイントラネットや社内報に掲載された記事から、展覧会の歴史物語と価値とを学ぶことができた。アーカイブズにある視聴覚資料を用いて制作されたブーツブランド 160 周年を記念する映像は、従業員の会議や説明会の場で広く使われた。2010 年にかけて展覧会のパネルやその他の資料を多く展示する社内的な「パビリオン」のようなイベントを実施し、アーカイブズチームはブーツ UK 社の後方支援事務所の職員の関わりが長続きするように努めた。

5.3. 企業の社会的責任（CSR）―歴史的な青写真

「（ノッティンガム）市のいかに多くがブーツ社に負っているものであるかを思い起こさせる」

展覧会来場者、2009 年 11 月

1928 年ノッティンガム大学の、街の中心部の窮屈な場所から今日もなお大学の主要な敷地であり続けている緑の濃いキャンパスへの移転を可能としたのは、ブーツ社創業者のフィランソロピー（社会貢献活動）であった。この結び付きが、大学アーカイブズとの共同事業の基礎であり、企業と大学双方からのアーカイブズ資料を用いた展覧会においてもこれが祝された。

ブーツ UK 社は CSR 活動において羨望の的となるほどの世評があり、ブーツブランド 160 周年を記念する展覧会は、地域経済とノッティンガムに暮らす人々に対して企業が献身してきた歴史を証明する良い機会であった。公園や記念碑、とりわけノッティンガム大学のキャンパスが建造された敷地の寄贈などを通じ、ブーツ社の創業者であるジェシー・ブートがノッティンガムへ大金を投じたことを示す目に見える例証は、フィランソロピーや CSR がブーツ社にとって新たな構想ではなく、長く誇るべき伝統を伴うものであることを来場者に示した。同様に、早くから従業員向けに健康管理、年金、スポーツや社交クラブを設けるなど、ブーツ社が神経の行き届いた雇用主であることの証拠となるアーカイブズ資料は、英国の企業が CSR 活動の評価を始めるよりも何十年も前に同社が CSR を実施していたことを明らかにした。ブーツ公益信託の理事たちが展覧会を訪れたというのも理にかなっていよう。

展示そのものと同じくワークショップもまた、ブーツ UK 社が CSR の行動計画を強調する一つの方法であった。「ブーツ社：

地域社会の中の企業」と題したワークショップでは、ブーツUK社のCSR部門の責任者が今日のCSR活動の取り組みについて話すとともに、ブーツ社アーキビストがブーツ社の地域社会への支援の歴史について取り上げた。

公開されたワークショップに加え、アーカイブズチームは地域の教育委員会と連携して、地元の小学校を対象とし申込制による見学会を行った。展覧会の会期中に、ノッティンガム州の小学校4校が教科に基づいた学習会に参加し、そこではブーツ社のアーカイブズにあるモノ資料と紙資料が用いられた。また地域医療の取り組みの一環として、高齢者グループに対して個別のガイドツアー付き展覧会が行われた。

【図3】ソフィー・クラップと、4世代にわたりブーツ社で働いてきた エリオット家の一人　　　　　　　　　　　（Photograph：Boots UK）

5.4. 国際的なブランドマーケティング—ブーツブランド160周年を活用する

「160周年記念は国際的な市場において、われわれの専門的知識と歴史とを生かす一つのやり方として価値がある」
　　　　　　ブーツ社国際貿易・消費者マーケティングマネジャー

第一部　歴史マーケティングの力

　ブーツブランドの周年事業のさらなる側面とは、周年にまつわる国際的なブランドマーケティングのキャンペーンを始めることであった。国際マーケティングのキャンペーンは、ブーツブランド 160 周年の趣旨を最大限に活用することを目的としていた。キャンペーンには以下のようなリソースが含まれる。

- ブーツブランド 160 周年記念ロゴ—PR キャンペーンの独自のシンボルマーク。
- フェイスブックへの参加—世界に広がるブーツ社の消費者を引き込むために、費用効果があるツール。
- プレスリリース「ブーツ社の 160 年 — 1849 年以来人々の気持ちよさをお手伝い」。英国内での地域と全国レベルで PR 活動を展開するために制作。
- ブーツブランド 160 周年記念フィルム映像—企業内外の聴衆に向けて周年事業を推進。
- ブーツブランド 160 周年記念小冊子—企業内外の聴衆向け。
- ブーツブランド 160 周年記念ポスターキャンペーン—アライアンス・ブーツ社の各チーム向け。
- ブーツブランド 160 周年記念ギフト（例：ペーパーウェイト、トロフィー）。
- ミルブルック・タワー（ロンドン）を会場とするブーツブランド 160 周年を祝う夕べ — アライアンス・ブーツ社の中心的なステークホルダー向け。
- アライアンス・ブーツ社のプレスリリース。

　ブーツブランド 160 周年を促進するためのリソースは、さまざまな創造的な方法で用いられた。例えば、ペルシャ湾岸、ノルウェーやオランダでは新規店舗の開店のために使われている。アメリカでのブーツ社製品の売り場は顧客向けに 1.60 ドルを割り引くクーポンを考案し、片やタイのブーツ・リテール社は独自に

第 5 章　アーカイブズを展示することによる商業上の効果

ブーツブランド 160 周年記念イベントを開始してマスコミの大きな関心を集めた。英国では展覧会の開幕イベントに、アライアンス・ブーツ社の会長ステファノ・ペッシーナとブート家の子孫が参加した。

【図 4】 アライアンス・ブーツ社のオーナーであるステファノ・ペッシーナとブート一族の人々　　　　　（Photograph：Boots UK）

5.5. 商品とブランドの宣伝

「『No7』なぜなら『7 は長いこと完璧を意味してきた』」
『デーリー・メール』　2009 年 11 月 19 日

　ブーツブランド 160 周年の PR キャンペーンは新聞記事となり、ブーツ社の現在の製品の種類とサービスについての記事の導入として使われたことから、成功裏に終わった。例えば『デーリー・メール』では周年事業についての特集を組み、その一方でブーツ社の美容商品の買い物リストを載せている。そこには「No7 プロテクト・パーフェクト・ビューティー乳液」、「17 ソロ・アイシャドー」、そしてブーツオリジナルのコールドクリームなどがあった。

　ブーツブランド 160 周年記念の展示そのものが、わが社の商

品の種類を強調する手段となった。展示ケースの多くには「ソルタン」や「No7」のように、販売開始が1930年代にさかのぼるブランドが目立つように収められ、その側に「17」ブランドの化粧品や「ボタニクス」ブランドの美容品などの比較的近年の商品が置かれている。特に「No7」は、その伝統だけではなく、英国の主要な化粧品とスキンケアのブランドとしての地位ゆえに、頻繁に取り上げられた。ブーツ社のパッケージとデザインに関するアーカイブズからの展示物が、1935年から2009年までのこのブランドの変化を明らかにしたのである。

6. 長期間に及ぶ好機

　ブーツ社のアーカイブズチームは展覧会が終了した後、新たに築いた関係を利用して、アーカイブズが持つ情報を商業的に応用し継続的に活用し続けることで、展覧会の利益が長期にわたり好機をもたらすことを認識し始めた。例えば、ブーツUK社の納入業者は、自分の社員にブーツ社の唯一無二の伝統を知らせるために利用できるような資料を探すようになった。

　さらには、ブーツUK社の販売店では関心が増し、自身の店や地域の歴史に興味をもつようになった。アーカイブズチームは、トラフォード・センターが主催した「美」を題材とする1週間の催事に関わった。チームはマンチェスターにあるブーツの旗艦店には展示「No7の歴史」を準備し、センター内の貸しスペースでは化粧品の歴史の展示を企画した。

　ブーツ社のアーカイブズチームはまた、家系調査の情報や地域グループ向けの講演についての要望に応えてきている。チームには、地域史についての主要な刊行物に「ブーツ社の歴史」を折り込もうとする計画がある。

7. むすびに──推奨できる経験

　ブーツUK社とノッティンガム大学との間の共同事業は疑いようもなく成功したが、他の企業アーカイブズが同じような重要な協力関係から利益を得ることができるだろうか。双方が協力関係を通じて果たそうとする共通の目標あるいは目的をもつ限り、不可能な理由はない。

　このプロジェクトにおいて、二つのアーカイブズは語るべき共通の物語、すなわちブート一族と企業、そして大学との関わりがあり、その物語はブーツ社の従業員を何世代にもわたって生み出してきた地域社会にとっても興味深いものであった。この共同事業を通じ、ブーツ社は公共の場で行う展覧会で自社の歴史を初めて公開し、それと同時にブランドとCSRの課題を推進した。大学は、ノッティンガムの主要企業である一社との絆を深め、草創期に関するアーカイブズ資料を広く公開した。こうした観点において、展覧会は二つの機関の法人としてのブランドを売り込むものともなった。

　アーカイブズのレベルでは、共通する専門的関心と技術、相互補完的な所蔵資料、そして互いの職場が1マイル以内に位置しており事業実行上容易であった。展覧会の企画に加わったアーキビストにとり、共に働いたことによる利益には、おのおのの所蔵資料と活動分野の知識の増加、おのおのの強みと専門技量への認識、そしてそれぞれの分野のアーカイブズの間に立ちはだかる伝統的な障壁を打ち壊す個人的な親しみが生まれたことがあった。これらは皆、成し遂げる価値があり、伝えていくことは間違いなく可能である。

第一部 歴史マーケティングの力

補　遺

展覧会の資料と内容

　レイクサイド・アーツ・センターの展示会場は、ノッティンガム大学の手稿・特別コレクション部門の資料を定期的に展示するために利用されている。展示ケースはうまく設計されており、パネルを貼り巡らすことができる壁面があって、室内には自然光が入らないので光線への露出は最小限に抑えられる。展示は、中央にある円形の展示ケースを視線の集まる場所とし、部屋の壁面にはテーマ別に分けられたいくつかの展示ケース、パネル、映像を絶えず流し続けるモニターがあった。上映されたフィルムには、1930年代のブート家の休暇の私的な映像や、1950年代の社内のスポーツや社交クラブの活動の模様、ブーツ社の従業員研修用のビデオ、そして1960年代のナイツブリッジにあるブーツの店舗でのクリスマスの飾り付けなどが含まれている。展覧会の六つのテーマは、以下のように構成された。

1. 家業：展示ケースとパネル
　　展示物：ノッティンガムにある薬草商としてのブーツ社の草創期と、その初期の発展に関わるモノ資料と記録物。ビクトリア時代の古典的な調剤用品を含む。
2. 地域が大切：展示ケースとパネル
　　展示物：公園、公共建築と作品の寄贈を含む、ノッティンガム市でのジェシー・ブートのフィランソロピーに関係のあるモノ資料と写真。
3. 受け継がれてきたものの中にある絆：展示ケースとパネル
　　展示物：ジェシー・ブートと大学との間の初期段階での協力関係と、長年にわたる企業と大学との継続的な関係についてのモノ資料、記録物と写真。

4. 人々の薬局：展示ケースとパネル
   展示物：薬や医薬製品、戦時中の薬の生産とその配給、1920年代と30年代の24時間営業の薬局についてのモノ資料と写真。
5. 目抜き通りの有名店：展示ケース
   展示物：「No7」、「17」、「ソルタン」、「ボタニクス」などの美容製品を数多く展示ケースに収めて、1960年代あるいは70年代の実際の店頭の雰囲気を演出。
6. ブーツ社での生活：大きな中央の展示ケース（【図5】）
   展示物：従業員の福利、スポーツや社交クラブとブーツ社の従業員の写真、モノ資料と記録物。従業員には、イブプロフェンの発見者である化学研究者スチュワート・アダムス博士が含まれる。

【図5】 160周年記念展の中央の展示ケース（Photograph：Boots UK）

第一部　歴史マーケティングの力

［注］
1) この報告は *Business Archives: Principles and Practice*, No.100（May 2010）に掲載された "Commercial impact of an archive exhibition" の翻訳で、ビジネス・アーカイブズ・カウンシルの許諾を得ている。
2) 手稿・特別コレクション部門管理者であるドロシー・ジョンストンが、ノッティンガム大学での最初の、かつ重要な接触相手であった。
3) 展覧会の資料と内容の詳細については補遺を参照のこと。
4) 2006年、ブーツグループはアライアンス・ユニケム社と合併し、有限責任株式公開会社アライアンス・ブーツとなった。2007年には非上場企業となり、その時点で企業アーカイブズはブーツUK社とブーツ・インターナショナル社（そしてその被合併会社）のためだけに活動し、アライアンス・ブーツ社の会社機構から切り離された。
5) ［訳注］Raleigh. http://www.raleigh.co.uk/,（参照 2011-07-31）.
6) ハガキの写真は企業、大学双方の画像アーカイブズによるものである。
7) ［訳注］BBC Children in Need. http://www.bbc.co.uk/pudsey/,（参照 2011-07-31）.

第 6 章

資産概念の導入と中国に
おける企業の記録管理へ
のその効果

第二部　ビジネス・アーカイブズと全国的戦略

王　嵐（Wang Lan）
古賀　崇訳

第二部　ビジネス・アーカイブズと全国的戦略

王 嵐
Wang Lan

中華人民共和国国家档案局
経済科技档案業務指導司 副司長

　王嵐は2001年に中国人民大学から博士号を取得、中華人民共和国国家档案局経済科技档案業務指導司の副司長である。王嵐は業務記録管理の分野において20年以上のキャリアを持つ。王嵐は国際アーカイブズ評議会（ICA）機関誌である*Janus*誌（現*Comma*誌）の編集メンバーを約6年務めた。現在はICA企業労働アーカイブズ部会のメンバーである。

中華人民共和国国家档案局（中国）

　中華人民共和国国家档案局（SAAC）は1954年に設立され、国全体のアーカイブズ業務と記録管理を担当している。SAACの業務には以下のものが含まれる。アーカイブズ業務の全般的な計画、アーカイブズ管理と記録管理に関わる法規策定、政府各部局の記録のアーカイブズへの移管調整と監督、採用すべき統合システムや標準の導入、そして中央政府各部局と地方アーカイブズ管理局に関する記録管理を監督指導することである。SAAC内にはいくつかの部門がある。経済科技档案業務指導司は全国を対象にした産業、企業、商業、研究開発などの分野における業務記録管理の監督と指導に責任を負っている。20年前の社会主義市場経済の中国における確立と情報技術の到来によって、経済科技档案業務指導司は、マーケット志向かつ情報技術に基づいた経営の効果と効率を強調するアプローチを採用することをゴールとし

て、業務記録管理を指導し、そして電子記録管理の運用を強調することに焦点を合わせてきた。SAACは最近「企業の記録管理要件」という専門的標準を採用した。これは、ある事業体がその記録を管理する際に全体的な検討を要求するという点で、初めてのものである。

中華人民共和国国家档案局中央档案館　本館（Photograph：王嵐）

第二部　ビジネス・アーカイブズと全国的戦略

資産概念の導入と中国における企業の記録管理へのその効果

王　嵐（Wang Lan）

1. 経済システムの変化と、その記録管理への影響

1992年以来、中国が計画経済から市場経済へと移行し始めるにつれ、また特に情報技術の到来をはじめとした技術革新も相まって、中国におけるアーカイブズ・記録管理の関係者は自らの専門職としての発展を再考するようになった。このことは急速な変化をもたらし、また多くの新たな考え方の導入につながった。

例えば、民間経済が急速に発達した結果、今やわが国の90%以上の企業が民営となり、その生産高は国内総生産（GDP）の半分以上を占めるようになった。公営企業の数の減少に伴い、効率性・効果性を志向した変革の下でレコードマネジャーの数も減っていった。その一方、外資企業および合弁企業が中国の企業の記録管理に新たな方向性を与えた。従って、記録管理の原則、方法、さらには対象までもが、急速な変化に追いつけるように修正を余儀なくされてきたのである。

以下では、この50年にわたり記録の機能や利用についての基本的な認識、コンプライアンス要件、また情報技術にどのような変化が生じたかを概観することとする。それを踏まえ、企業の記録管理についてこうした急速な変化の中で中心的概念がいかに変化し、またどのような効果が生じたかを示したい。

1.1. 記録に関する基本的な認識の変遷

中国では1960年代、記録は研究、開発、建設を記述することにおいて独自の機能をもち、それゆえ社会主義発展のための研究

と生産に不可欠である、と認識されるようになった。こうした考え方が、科学的・技術的な記録管理の下地となった。

1980年代になると、以前の記録への認識に加え、鄧小平が『経済参考報』誌に「情報資源の開発と現代化への寄与」について寄稿したのを機に、図書館学およびアーカイブズ学の領域において、記録を「情報源」とする認識が発展した。

2000年代になると、資産としての記録の役割が、ISO15489＝記録管理標準によって国際的に合意された。その中で、中国では2004年に政府が公布した「情報資源の開発と活用に関する意見」にみられるように、情報を「根本的な生産要素」かつ「無形の知的資産」と見なすようになった。中国でのアーカイブズ・記録管理の関係者は、記録、特に企業記録について、「根本的な生産要素」および「無形の知的資産」の概念を当てはめるようになった。現在では、有形の企業資産は記録を通じて記述・証明・保護されねばならないと広く認識されている。一方、無形の企業資産、例えば知的財産権についても、その大部分は記録を通じてのみ存在し表出される、と考えられている。

例えば、ある有名な銀行の地方支店長が事務会合において述べたとされるのは、記録は現金と同様に慎重に取り扱われるべきであり、記録保管庫の設置は銀行での金庫の設置と同様に慎重な検討が求められる、ということである。

1.2. コンプライアンス要件

企業の記録管理に大きな影響を与えた2番目の論点は、2001年のエンロン社、監査法人アーサー・アンダーセン社の破綻、およびその結果もたらされたコンプライアンス要件である。これは、電子的文書が意図的に破棄されたと法廷で明らかになり、それが米国の株式公開企業を対象とする2002年のサーベンス・オクスレー（SOX）法制定につながった、ということに基づく。

第二部　ビジネス・アーカイブズと全国的戦略

　実際の要件は、アメリカ合衆国法規第18編「刑法・刑事手続」の第1部・第73章の改訂によって定められた。この第1519条「連邦政府の捜査および破産時における記録の破棄、改変、改ざん」では「いかなる記録に対しても、意図的に改変、破棄、削除、隠蔽、隠匿、偽造または虚偽の書き込みを行った者は、本章に基づき、罰金または20年以下の懲役、もしくはその双方が課せられる」と定めている[1]。また第1520条「企業の監査記録の破棄」では「証券取引委員会（SEC）は、関連する記録（電子的記録を含む）の保存について法令・規則などの制定を行うものとする」としている。

　中国においても、上場企業に対する同様の法律が検討され、2008年に中国の財政部、中国証券監督管理委員会、国家監査署、中国銀行業監督管理委員会、中国保険監督管理委員会は合同で「企業内部統制基本規範」、通称「中国版SOX法」を公布した。この規範は当初、上海証券取引所に上場している約2,000の企業、およびその他の公営企業を対象とし、記録管理を含むリスク管理への対応を図った。2009年以降は中国の全ての上場企業を対象とし、電子情報の取り扱いや記録管理の仕方について法令順守および根本的な変化を求めている。例えば、「中国版SOX法」第32条では企業資産防衛のために、管理システムの構築ならびに資産・動産の記録の構築を企業に要請している。同じく第47条では企業に対し、内部統制のための手続きの文書化と、関連機関による監査を補助するために内部統制に関する記録または資料の保持を促している。

1.3. 情報技術

　3番目の論点は、社会のあらゆる面に情報技術が普及し、またその情報技術への理解が広まった、ということである。電子記録の管理は、私たちが自らの活動を将来に向けて記録するという責務を果たす方法を変化させた。電子記録管理をめぐる課題はアー

カイブズの関係者、特に企業の記録管理に関係する人々にとって根本的なものである。それは、情報技術製品を生産し、かつ市場の需要をめぐる競争に先駆者として立ち向かうという立場にある、企業の役割ゆえのことである。

　市場経済での需要、規制の順守、そして情報技術は、記録管理に関連する考え方や概念の進展の中で生じる変化を、明確に突き動かすものである。この三つのうち最初の二つは、生産、運営管理、そして売り上げを記録文書化するさまざまな企業の記録物を強調するが、一方、3番目の情報技術は管理面の変化および新たな記録、すなわち電子記録管理に重点がある。

　こうした発展により、中国のアーキビストとレコードマネジャーは、記録や記録管理について、コンプライアンスや諸概念の展開に即して探求・再評価を行うようになった。さらに彼らが行うようになったこととして、以下の点が挙げられる。
・記録やアーカイブズを知的資産、資源、あるいは情報と見なす概念を取り入れつつ、記録やアーカイブズの価値、またこの両者の効果的な管理について、新たな角度から再考する。
・情報技術を応用して記録の価値を高める。
・情報技術による新たな方法の下で、管理の効率性・効果性を強調すべく、業務過程を一新する。
・企業のコンプライアンスに関わる重要な基礎として記録管理を捉える。
・企業資産、所有権、契約・合意書、証明書、その他のものを記録に加える。これらは20年前の計画経済時代には記録とは見なされず、ビジネス上の資料として作成者が保持していたものである。

　1994年に、中国国家档案局（SAAC）は「科学技術記録からの情報資源開発に関わる利益評価のガイドライン」を採用した。このガイドラインは、科学技術記録の利用、特に情報収集に関する局面から企業アーカイブズが利益を上げることを推奨してい

第二部　ビジネス・アーカイブズと全国的戦略

る。さらに言えば、このガイドラインは、適切な機会に記録上の証拠や典拠を提示することによって損失を減らすことにも貢献し得る。

　変化すること、また考え方を改めることは、努力を導くものである。つまり、どれだけ遠くまで進めるかは、どれだけ視野を広げ、どれだけ視点を深めることができたかによって決まる、という事実は、たびたび証明されてきた。例えば、コダック社は1989年には「トップ500社」[2]の中の第18位に位置していたが、2004年には411位、2005年には483位に落ち、2006年にはこのリストから名前が消えた。これは、同社が科学技術面での強みや可能性を無視し、大企業・有名企業であるという伝説にあぐらをかいていたためである。20年前に、当時は萌芽的だったデジタルチップの可能性にかたくなに抵抗した報いとして、コダック社は「フィルム会社」から「カメラ会社」へと変わってしまったのである[3]。

　専門職として学ぶべき教訓は非常にはっきりしている。つまり、電子的環境の中で新たなアプローチを築いていくために、私たちはアーカイブズ管理・記録管理の基礎を維持しつつも、新しいものを追求し導入しなければならないのである。しかし、南カリフォルニア大学教授のラリー・E・グレイナー博士いわく、「ある局面でうまくいく経営活動は、別の局面では危機をもたらすかもしれない」[4]。言い換えれば、ある状況の下での解決策は、新たな状況のもとでは別の問題をもたらしがちである、ということである。これは、古いやり方にしがみつく者は「舟に刻みて剣を求む」（刻舟求剣）[5]、という中国のことわざにも似たものと言える。

2. 新たな概念と技術に基づく探求

　アーカイブズ・記録管理の関係者の間での協力を通じ、概念の変化が生じている。しかしその一方で、実際に行動に移すこと、また他の人々、特にリーダーや上級管理職から承認を得ることこ

そが、肝心な点である。

　SAACの責務と役割は、効果的かつ法令に沿った記録の管理を通じ、記録の役割を企業が理解するのを助けることにある。2009年12月にSAACは「企業の記録管理要件」の標準DA/T42を公刊した（**付録1**参照）。これを公刊した目的は、変化しつつある状況に対応し、企業記録管理にまつわる業務を通じて得たわれわれの経験を活用し、また時代遅れとなった要件を更新することにあった。この標準は必ずしも順守が求められるわけではないが、企業経営を最適化し強化したいと願う全ての企業にとって、よい実例を提示するものである。

2.1. 標準DA/T42「企業の記録管理要件」

　この標準の構成は、中国における50年にわたる企業の記録管理の経験に基づくものである。系統的な経営原則のいくつかの要素（顧客志向、リーダーシップ、人々の関与、プロセスアプローチ、経営に対するシステムアプローチ、継続的な改善、意思決定に関する事実面からのアプローチ、相互に利益をもたらす供給者間の関係）はISO9001「品質マネジメントシステム」を援用し、また「資産としての記録」という今日的な概念は記録管理に関するISO15489―こちらも「よい記録管理がもたらす13の利点」[6]を概説している―に由来している。

　この標準は、系統的な経営や「企業資産としての記録」という考え方を基本原則とし、また現代的な経営原則や業務展開のための必要性にも沿った標準として、中国では最初の例である。この標準はまた、記録管理の再考に基づき、現状に即した注目点を以下の通り含んでいる。
- アーカイブズ資源：「資産」の概念。すなわち、記録は知識や企業情報に関する貴重な資源である、という考えを広げ、深めていくこと。
- 組織的機関：リーダーシップが第一。いかなる組織的業務の効

第二部　ビジネス・アーカイブズと全国的戦略

果や結果も、リーダーの認識や視点により定まる。記録管理は、企業のほぼ全ての局面に関係する、組織的業務である。
- 職員の説明責任：全ての職員が責務を負う。あらゆる組織的業務の成功が可能となるためには、全職員からの貢献が必要である。
- プロセスアプローチ：記録の作成に焦点を当てること。記録管理の生産物はサービスであるが、高品質のデータ入力がその前提であり、それゆえ記録・データ生産の最初の部分がカギとなる部分である。
- 方向付けの戦略：「情報化」（情報技術に基づく新たなアプローチ）。情報技術の環境は記録管理を例外としていないが、情報化はその中での電子記録管理を方向付ける、包括的な全国的戦略である。
- システム的方法論：記録管理の全ての局面に適用される。記録管理のファイリング、分類、整理などの技術標準とは異なり、システム的方法論はこの標準の理解や実施のための基礎的かつ根本的な指針である。

こうした注目点は、近年の中国における記録管理の経験と、現代の経営思想との結び付きを反映している。また、これらの点は標準の各章にも位置付けられている。記録管理のうちたった一部分を詳細に述べていた従来のSAAC標準とは対照的に、新たな標準のうち最も顕著な点は、記録管理自体に焦点を当てるのみならず、業務上のリーダーシップや記録管理担当組織にも焦点を当てた、管理体制の面である。

この標準において綿密に検討された点、そして重要な点となるのは、以下のような「転換」である。
・記録管理自体への注目から、業務に対するサービスへの注目へ。
・個々の標準や記録管理の手段に力点を置くことから、業務構造や環境の全体に力点を置くことへ。
・保存への注目から、企業のニーズへの貢献に対する注目へ。後

者には、企業の証拠や情報ニーズ、付加価値、実務、生産、保守、経営などへの支援が含まれる。
・紙の記録だけを取り扱うことから、情報技術に基づく記録を扱うことへ。

　この標準が時宜にかなったものであることについて、二つの例を挙げておきたい。一つはこの標準が政府の規則に対応していることである。2010年4月、政府の5機関は規則を施行するための指針として「応用指針」「評価指針」「監査指針」「企業の内部統制」を公布した。これらの指針は企業に対し、標準に沿って記録管理を構築することを明確に要求している。その例としては以下の通りである。

　「応用指針」は以下18の章に分かれる。組織の構造、開発の戦略、人的資源、社会的責任、企業文化、資本投資、資産管理、調達管理、販売管理、研究開発、建設プロジェクト、信用業務、業務のアウトソーシング、財務報告、一般予算、契約管理、内部コミュニケーション、情報システム。これらの章の中には、関連する記録の作成を各企業に対して明確に要請しているものがある。

　「評価指針」の第27条は、各企業に対し、内部統制、関連文書保存のための評価作業、準備書面、証拠のために、記録管理システムを確立することを要請している。

　「監査指針」の第34条は、公認会計士に対し、準備書面を集積し、監査手続きを詳細に文書化するよう求めている。

　もう一つは、この標準が企業の社会的責任（CSR）に貢献していることである。ISO26000「社会的責任に関する手引」[7]の原案（2009年9月14日版）では記録に関する要件には言及すらしていなかったが、ここで掲げられた7原則（説明責任、透明性、倫理的な行動、ステークホルダーの利害の尊重、法の支配の尊重、国際行動規範の尊重、人権の尊重）から、次のような推測が可能である。つまり、企業がこれらの原則をガバナンスや業績の面か

ら見るのを支え、実行し、証明するために、これらの要件全てはよい記録管理を必要としている、と。従って、体系的な記録管理は、企業がCSRを実行するのを支えるためにも役立つ、と見なすことができるのである。

2.2. 標準の推進

　標準を実行に移すために重要な段階は、その標準を企業の間に推進し、広めることである。そこでは、その企業の首脳、管理職者、職員にとって、自企業の基本的な経営を強化し、また発展を進めていくためには記録管理が重要であると認識し理解に至る、という方向が目指される。

　まず、記録に関する中心的概念を急いで改めて、役に立った例やその他の説得力ある事項を提示することにより、企業の首脳陣・経営陣に記録の価値を確信させることは、必須である。私たちはこうした人たちに対し、よい記録管理は、個々のレコードマネジャーの利益ばかりではなく、首脳陣、職員、そして企業全体に利益をもたらすものであることを知ってもらう必要がある。

・企業の記録は、企業が何をやってきたかを記録しただけのものではなく、企業の資産でもあり、業績や責任に関する証拠を提示し、業務上のコンプライアンスや持続的開発を支える基礎をなすものである。
・情報技術の進展に伴い、記録管理の関係者は新たな電子環境の中で生き残るために、電子記録にまつわる課題に対処する必要がある。
・「経営上の優れたアプローチ」は、文書の集積および保存に関するリーダーシップと広い認識、そしてそれらに対する責任を意味する。
・「コンプライアンスと内部統制」は、企業は法律に従わねばならないこと、また記録を整備することによって、自身の運営に関する説明責任を示さなければならないことを意味する。
・「市場経済の実施」は、情報および企業資産の源としての記録

第6章　資産概念の導入と中国における企業の記録管理へのその効果

を効果的・効率的に整備することを意味する。
・この標準は記録管理の要件を定めただけではなく、文書を記録担当部署に送付することを行う、企業首脳陣や職員に対する要件も定めたものである。

　しかしその一方で、企業の首脳陣や経営陣にとっての記録管理に関する役割が明確に定められなければならない。ISO9001とDA/T42における概念や原則を比較すると、前者は一方向的関係にあり、供給者と顧客は出会うことも交流することもない一方、後者は循環関係にあり（【図1】を参照）、記録管理の供給者と顧客は実際には同一の者である。もし、あなたとあなたの部局ないしプロジェクトが、整備すべき文書を整備していなければ、あなたやあなたの後任の者は、自身のニーズを満たすための効果的な情報や証拠となるサービスを享受できないだろう。これはいわば、記録から得たい情報や証拠は、作成・収受した文書をファイルし記録担当部署に送付することによって果たさなければならない責任でもあり、あるいはむしろこうした責任こそが先に立つ、ということである。従って、標準を実行に移す際には、首脳陣と職員全てに対し、標準に一貫して従うことの利益を理解してもらい、またそうすることが自分たちの責任だと認識してもらうことが必要である。

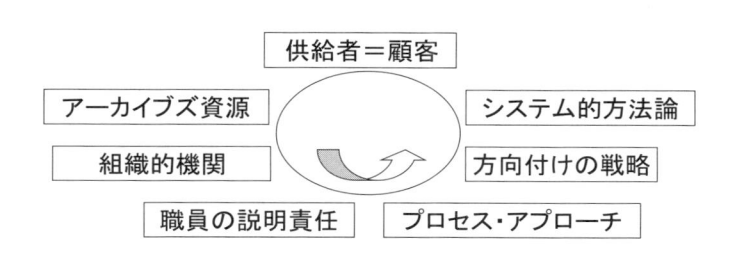

【図1】DA/T 42の考え方と原則：記録管理の供給者はその顧客でもあり、同一の根本的な関心を共有する

第二部　ビジネス・アーカイブズと全国的戦略

　SAACは2010年、標準を伝達し実行してもらうための二つの会議を開催した。一つは省における記録管理のため、もう一つは中央政府が所有する企業集団のためのものであった。前者は地方の企業が標準を実行に移すのを助けることを目的とし、後者は中国全土に散在する公営企業に対して同じ目的を掲げた。標準の実行は、中国における全ての企業にとって、今後5年間にわたり最も重要な責務となるだろう。

3. 企業の記録管理の実例

　中国の企業におけるレコードマネジャーは、新たな考え方、情報技術や新たな状況を踏まえ、さまざまな課題に取り組み、また次のような活動や領域に関する戦略を立てていった。それは、サービス、アーカイブズの情報化、文書管理・記録管理の統合、記録管理の評価、現代企業システムのモデル、製品データ管理（PDM）、企業資源計画（ERP）データベースのアーカイビング、などの活動ないし領域についてである。

　記録の経営面での価値について、多くの企業で同意がなされているのは、記録は優れた運営と相まって、企業情報、知識、資産に対する貢献をなし、企業に価値や利益をもたらし得る、という点である。

3.1. アーカイブズと記録の包括的なサービス

　重慶鋼鉄集団（CISG）は120年以上の歴史をもつ企業である。アーカイブズ・記録管理は時期により浮沈があったが、近年になり記録管理活動が活発となりまた成果を挙げ、CISGの全部署において歓迎されたこともあり、同社においては［アーカイブズ・記録管理を通して提供される］サービスがアーカイブズ・記録管理の不変のテーマであると認識された。しかし、記録のサービス

における価値は、同社の全社員にとってどのように感じられ、共有されるであろうか。CISGのアーカイブズはこの点を議論し、以下のように結論づけた。

- 記録は「死んだ過去」ではなく、企業の利益につながり得る業務上の資産かつ情報源として、蓄積される。
- 効果的な記録管理はまた、金銭と動産の両面での経済的・社会的利益を創出し得る。
- 消極的に文書を受け入れ、閲覧に対応するという従来の姿勢から、企業家精神に富み積極的に市場に関与し、そして市場の需要を創出するという新たな姿勢への転換が必要である。
- 創造的な記録管理は一般的に、［企業］内部の顧客を創り出す。その顧客は、外部の顧客と市場を創り出すための業務を支える。

　実際に、CISGは次のように想定している。つまり、創造を志向する前向きな考え方の下で、記録管理は生産手段に沿うかたちで改良・改善されるべきである。また「アーカイブズの構築は、情報サービス製品を供給する工場と似ている」という信念が、アーカイブズの業務過程の改善を導くべきである。

　CISGは、記録管理や［それによって生み出される］製品が必要な人々、またこれらに関心をもつ人々と交流を持つべく、歴史研究センター、家系記録クラブ、写真家ネットワーク、記録サービス用の巡回自動車[8]、産業遺産オフィス、デジタル・アーカイブズ・サービスといった活動の場を構築してきた。

　「製品としての記録サービス」という新たな考えを指針としつつ、CISGは「需要を見つけ出し、要求に応え、生産し、改善を行う」という目標の下、サービス手続きを詳細に定めた。例えば、この手続きはCISGグループにおけるあらゆる種類の活動を対象とし、記録サービス製品によって情報ニーズを満たすことを目指している。その中のいくつかは「ブランド化」し、またシリーズとして出版され影響力を及ぼしている（アーカイブズ製品の一覧

は付録2に掲載)。

　アーカイブズは今や、価値を保護、保持、確保する立場から、「サービスの評価を高め、サービスの特性を創り出し、サービスのブランドを提示する」という指針のもとで、価値を利用、共有、付加する立場へ移行したのである。

3.2. 記録に基づく知識管理

　創造性のある運営はまた、同じ状況を共有するさまざまな職員に対し、価値を創出し提供する。イノベーションを標榜するレコードマネジャーは、自分たちが収受・収集した記録を単に提供する、というだけでは満足しないだろう。彼らは記録を集めるだけではなく、業務への適用を推し進めるために記録を整理しなければならない。なぜなら、記録は資産として取り扱われているので、利益を追求するものでなければならないためである。企業のレコードマネジャーの中には、発達した情報技術の処理能力や利便性を活用しつつ、資産としてのアーカイブズ資源を利用し、データを抽出することで、新たな記録の活用法を追求し始めた者も現れている。

　中国遠洋運輸集団（COSCO）天津散貨公司（Bulk Carrier Co., LTD）は、記録を利潤のために用い、会社に利益をもたらしている企業の一例である。同社は輸送サービスを行い、50年以上にも及ぶ企業の記録を保有している。同社は情報技術の力を借りて全ての記録・データをデジタル化した。またデータを分析し、記録の中に示される歴史的な取引・契約を基に表や動的な図を作成できるソフトウェアを開発した。

　同社において輸送対象となるのは幅広い範囲の物品である。そこには、鉄・鉄鋼、石炭・木炭、セメント、飼料、化学肥料、鉱物、穀物・油、衣料、機器などが含まれる。主要カテゴリーを取ってみても、その中でもとうもろこし、豆、米、小麦といったよう

第6章　資産概念の導入と中国における企業の記録管理へのその効果

に細分化がなされ得る。企業の記録には、さまざまな積荷、航路、地域、国、日時、季節にわたる輸送取引などといった、取引に関する情報が含まれている。記録がデジタル化され、その記録の中のあらゆるデータがOCRソフトウェアによって集積されれば、アプリケーションによって積荷の種類、航路、データや価格の歴史、動向の集積といった、歴史的な企業活動をオンデマンドで表示できるようになる。このしくみは、輸送料金をめぐって顧客と日々関わっている職員全てから、幅広く賞賛を浴びている。取引の歴史に関する参照図面は、国際発送を定期的に取り扱うセールスマネジャーにとって、輸送料金に関する交渉や取引を支える点で非常に便利である。

　この会社では記録に関するサービスに加え、記録専門職の限界を打ち破り、輸送に関する情報・データや資料を積極的に収集し、業務で参考にするためにデータベースを構築している。また、レコードマネジャーは職員に対し、話題、流行、データのまとまり、日付または季節、統計、報告、契約といった、「記録へのニーズの創出」と称されるような、アーカイブズ上の情報の提供を求めている。

　アウトリーチ活動は、「記録に基づく知識基盤」を、以前は別の部門で管理されていた豊富なメッセージ、データ、情報と結び付けるものである。COSCOにとっては今や、業務上の取引を行う最初の段階にあるのは、「記録に基づく知識基盤」を参照することである。このことによって、可能性を秘めた不定形の知的資産、すなわち記録、データベース、その他の情報を活用するだけで、会社に利潤と付加価値の増加をもたらす結果につながっているのである。

3.3. データ・アーカイビングの詳細な分析

　企業活動に伴って多くの構造化された、あるいはされていない

第二部　ビジネス・アーカイブズと全国的戦略

データが生産される。理論上はこれらのデータは記録として取り扱われるべきだが、企業アーカイブズの運営の中で情報技術スキルの位置付けが不十分であるため、実際にはそうなっていない場合が多い。蓄積されている間は構造化されたデータは通常はデータベースとして扱われるのに対し、そうでないデータは電子記録として扱われる。企業資源計画（ERP）、製品データ管理（PDM）、サプライ・チェーン・マネジメント（SCM）、カスタマー・リレーションシップ・マネジメント（CRM）などのようなデータやデータベースが記録として取り扱われるべきであるかどうかというのは、情報技術マネジャーとレコードマネジャーとの間で長らく議論されてきた。

　多くの中国の企業が記録管理のアプリケーションを開発または購入し運用しているが、データベースのアーカイビングに対応するアプリケーションはほとんど存在しない。ある研究所は、PDMアプリケーションの導入に当たり、経営の観点から、データ、特に構造化されたデータの高度活用に着手した。

　地元での利用のためのPDMアプリケーションプロセス適応にあたり、その研究所はタスクフォースを立ち上げ、「システム統合」「ワークフロー最適化」「データとドキュメンテーション」「標準のプランニング」「CAPP（コンピュータ支援によるプロセスプランニング）」の5グループを設立した。このうち「データとドキュメンテーション」グループは、電子記録、記録のデジタル化、データと文書のセキュリティ管理プランニング、およびドキュメントサーバの維持とバックアップについて、責任を負う。

　同研究所のビジネス・アーカイブズは、「データとドキュメンテーション」グループの中核にいる立場として、次の点に責任を負っている。
・導入をめぐる議論：PDMシステムにおけるレコードマネジャーの役割について定める。
・グループ内全メンバーの、システム内のデータや文書を調査す

る権限に関する議論。
・グループ内全メンバーの責務に関する規則や標準の策定。
・データの収集・処理・整理。
・データのアップロードの支援のために、PDMによるCADデータの統合や処分に参加すること。
・PDMシステムの稼働に関する研修の実施への関与。

　時代の移り変わりが意味するものは、「入った時に学んだこと」はほぼ全ての場合、「離れる時に他人に教えること」と同じにはならない、ということである。言い換えれば、もしあなたが今後10年くらいの間に退職するとすれば、新しく専門職に入る人に対し、自分の実績について、また紙ベースの記録管理の中で学んできたことについて、教える必要はない、ということである。なぜなら、彼らは、電子記録の管理についての新たな考え方や方法に直面するであろうからである。

　2011年、中国のアーカイブズ・記録管理の関係者たちは、企業からの事例を含むアーカイブズ・記録管理に関する優れた事例を、集積・共有するために、「経営とサービスの革新をめぐる活動」という取り組みを中国全土で行うこととしている。企業記録管理に示されている革新と創造はエキサイティングなものであり、アーカイブズ専門職を新時代へ突き動かしていくものとなるであろう。

　最後に、ピーター・F・ドラッカーによる啓蒙的な思想を提示したい。ドラッカーは1954年の『現代の経営（The Practice of Management）』[9]の刊行により、経営（マネジメント）を公的な学問領域として創設したと広く認識されている人物である。

　私たちは、ドラッカーが次のような言葉を述べたことを肝に銘じ、彼に感謝しなければならない。「いかに若い新入りであろうと、貢献に焦点を合わせ成果に責任をもつ者は、最も厳格な意味にお

いてトップマネジメントの一員である」[10]。つまり、レコードマネジャーはたとえ会社の中心部門にいなくとも、自分はトップマネジメントの一員だと考えるべきであり、また最善を尽くし前向きに考えるのであれば、確信と自信を持つべきである、ということを意味する。

また、ドラッカーによる、仕事を行うにあたっての三つのレベルを描くために提示された3人の石切り工の隠喩も励みになる[11]。
1.「私は生活の糧を稼いでいる」
2.「私はあたうかぎりで最高の石切り工である」
3.「私は大聖堂を建てている」

彼ら石切り工は、同じ仕事をやっているものの、異なる目的を胸に抱いている。ドラッカーいわく、全体の一部を行っているものの全てのことを考えている3番目の者こそが、本当のマネジャーである。このモデルを用いて、3人のレコードマネジャーの姿を思い付くことができるだろう。
1.「私は文書を収集していることに飽き飽きしている」
2.「私は自分の仕事のあらゆる面において技術的に熟練し、理解している」
3.「私は業務を動かすのに不可欠な、情報、知識、歴史的宝庫をつかさどっている」

従って経営（マネジメント）の意味においては、真の記録管理とは次のことを間違いなく示している。つまり、人が本物のマネジャー、適格性を備えたマネジャーたらんとするならば、現状を超えたところで考えねばならない、ということである。

付録1：企業記録管理の要件（DA/T42-2009の抜粋）

1. 対象：大・中規模の企業。他の業界については参考として。
2. 通常は17項目の標準（専門的業務、国内業務、国際業務）。政府企業にはさらに五つの規定を追加適用。
3. 用語・定義
   3.1 企業の記録
   3.2 企業の記録管理
   3.3 電子記録
   3.4 情報化
4. 一般的規則
   4.1 記録の特性と機能：記録は資産であり、業務上の知識や情報の源である。記録管理は企業の基本的な経営活動である。
   4.2 経営システム：企業の資産とのつながりに基づく、記録管理に関する統一的なリーダーシップ、運営、規制、標準。
   4.3 義務と目的：証拠、情報、責任に関する企業運営上のニーズに応じる、記録の管理・サービスの提供。
   4.4 経営における責任：法律を順守し、正確さ、システム、安全性を保った記録を整備する。
5. （企業の記録管理の）組織の設立
   5.1 システム：（品質マネジメントシステムの第2原則に埋め込まれた）リーダーシップ、運営の準備、人員の確保、マネジメント面のネットワーク
   5.2 企業の責任：企業レベルでのコンプライアンス（リーダーシップ、記録の作成とファイリングに関する規制、必要な方法、賞罰）
   5.3 部局・支部の責務：部局長、文書作成者、レコードマネジャー（品質マネジメントシステムの第1・第8原則）
   5.4 記録管理部門：計画、方針、管理、保存（企業アーカイブズ）
   5.5 レコードマネジャーの要件：モラル、教育経験、専門的知識、継続的研修
6. 規則の策定
   6.1 企業での規則：全ての者と関わりを持つ（品質マネジメ

ントシステムの第3原則)
6.2 運営とマネジメント:文書ファイリング、時間、責任、処分、統計、セキュリティ、設備、応用、利用などが視野に含まれる。(品質マネジメントシステムの第5原則)
6.3 専門職上の要件、技術的要件:レコードマネジャーにとっての実務上の要件。分類、整理、評価、保存など。
7. 記録管理(企業の記録に関する要件や指示の詳細。記録管理と企業活動、文書の集約、分類、ファイリング、整理、記録の受け入れ、保存、評価、処分、アクセス、統計など)(品質マネジメントシステムの第4原則)
8. 情報化(電子記録管理の要件。原則、アーカイブズとしての把握、デジタル化、保持・保存、ネットワークでのサービス、応用に関するもの)(品質マネジメントシステムの第6原則)
9. 施設と資源(保存施設、プロセス、技術、機材の保存と展示、情報技術機器)
付録:企業記録に関する一般的な領域、およびリテンションスケジュールの参考例

付録2:重慶鋼鉄集団(CISG)アーカイブズにおけるアーカイブズ製品リストの一部

CISG 年鑑
CISG 記録管理ジャーナル
リーダーシップを果たした出来事の年表
ブルー・ワーキングペーパー [12]
CISG が主導した企業活動のアルバム
企業活動の記念アルバム
広報活動のための記念品
特定のケーススタディー
意思決定のための参考資料
緊急情報
厚板鋼材のための特別なデータコレクション

集約された検索サービス
企業に関する物語や逸話
特産品を扱うドキュメンタリー
重要なプロジェクトや出来事に関する記録サービス
記録の整理に関する指導
ワーキングチームやグループの経験を統合したもの
モデルや事例
優れた調査・研究レポートの集積
業務上の文書の集積
プロジェクトの日誌
コーポレートガバナンスのための格言集
CISG の特別な記録
法律・規則の精選
投資回収率（ROI）の分析
CISG 百年史
CISG の歴史
CISG における重要人物
この日の出来事
CISG 統計集
記録を用いて効果的な成果に至った事例の精選
生産における安全マニュアル
証明記録の複製
中国の古典作品『三国志』『紅楼夢』の 100 人による模写
家系記録ファイルのモデル
　など…

［注］
1) ［訳注］この条文の訳については下記を参照した。小谷允志. 今、なぜ記録管理なのか＝記録管理のパラダイムシフト：コンプライアンスと説明責任のために. 日外アソシエーツ, 2008, p. 156.
2) ［訳注］これは米国 Fortune 誌上のものである（著者より）。
3) ［訳注］コダック社のこのような状況を別の角度から示しつつ「変化の必要性」を示唆した一例として、以下を参照。ぐっち. 米国で衰退が進む 10 の産業. BLOGOS, 2011-6-11. http://news.livedoor.

com/article/detail/5627998/,（参照 2011-06-30）.
4)［訳注］出典は以下の「巻頭言」である。Greiner, Larry E. "Evolution and Revolution as Organizations Grow". *Harvard Business Review*. 1998, vol. 76, no. 3, p. 55-60, 62-66, 68.
5)［訳注］楚のある者が舟で川を渡る最中に、剣を川に落とした際、「この辺りで剣を落としたはず」と舟に目印をつけ、舟が向こう岸に着いた際に川に降りて剣を探しに出たものの、舟の方は動いてしまっているので剣は見つかるはずもない、という『呂氏春秋』察今篇での寓話を基にしたもの。「時代の変化に気付かず古いやり方を守り通す愚かさ」を指摘したことわざとして用いられる。「守株（株を守って兎を待つ）」と同義。参照：岡本隆三. 中国故事名言事典. 新人物往来社, 1976, p. 389.
6)［訳注］ISO 15489 Part1 の "4. Benefits of records management" (p. 4) を参照。日本語版については以下を参照。4. 記録管理の利点. 情報及びドキュメンテーション―記録管理― 第1部：総説（JIS X 0902-1:2005）. 日本規格協会, 2005, p. 3-4.
7)［訳注］ISO26000 は 2010 年 11 月 1 日に正式版として公刊されたが、こちらでも ISO15489 など記録に関する要件については直接の言及はなかった。参照：ISO/SR 国内委員会監修. ISO 26000：2010　社会的責任に関する手引：日本語訳. 日本規格協会, 2011, 289 p.
8)［訳注］これは「アウトリーチ」用のものであり、広い範囲に分散している子会社や関連企業など CISG の顧客に対して「アーカイブズ製品」を供給するために運用されている（著者より）。
9)［訳注］初版の書誌事項は以下の通り。Drucker, Peter F. *The Practice of Management*. Harper & Row, 1954, 404 p. 日本語訳はいくつかの種類があるが、最近のものとして以下を参照。Drucker, Peter F. 現代の経営. 上田惇生訳. ダイヤモンド社, 2006, 上下巻.
10)［訳注］出典は以下の通り。Drucker, Peter F. *The Effective Executive*. Harper & Row, First ed., 1966, p. 53. 日本語訳は以下より引用した。Drucker, Peter F. 経営者の条件. 上田惇生訳. ダイヤモンド社, 2006, p. 79.
11)［訳注］このたとえは以下で言及されている。Drucker, *The Practice of Management*, p. 122. 前掲の日本語版では上巻, p. 167.（ここでは日本語版の表記を適宜修正した）。
12)［訳注］これは CISG アーカイブズが『白書（ホワイトペーパー）』になぞらえて発行しているもので、職員が知っておくべき指針、知識、要件などを掲載している（著者より）。

第 7 章

ビジネス・アーカイブズに関する全国的戦略
(イングランドおよびウェールズ)

アレックス・リッチー

森本 祥子 訳

第二部　ビジネス・アーカイブズと全国的戦略

アレックス・リッチー
Alex Ritchie

英国国立公文書館
ビジネス・アーカイブズ・
アドバイスマネジャー

　アレックス・リッチーは現在英国国立公文書館のビジネス・アーカイブズ・アドバイスマネジャーである。彼は国立公文書館、それに先立っては王立歴史資料委員会において企業史と企業史料に長く関わってきた。*The Shipbuilding Industry: A Guide to Historical Records*（『造船業：歴史資料へのガイド』）の著者として最もよく知られており、*Oxford Dictionary of National Biography*（『オックスフォード英国人名辞典』）の主要な執筆者の一人である。

英国国立公文書館（イギリス）

　英国国立公文書館は政府の一部門であり、司法省に属する行政機関の一つである。英国政府の公的アーカイブズとして、貴重な11世紀の土地台帳 *Domesday Book* を含んだ1,000年を超える歴史記録の膨大なコレクションを管理、公開している。政府記録の保管所としての役割に加えて、英国国立公文書館は現在のデジタル情報を管理し、現代の記録を今日ならびに将来にわたっても閲覧可能にするために新しい技術的な解決方法を開発する。英国国立公文書館は世界レベルの調査施設と専門家の助言を提供するとともに、イギリスの全法令と政府刊行物を発行している。そしてアーカイブズ分野の理解増進のための活動の先頭に立っている。

　近年、英国国立公文書館は「イングランドとウェールズにおけ

るビジネス・アーカイブズのための全国的戦略」を連携機関と共に作成した。2009年にこの戦略が開始され、それに専従するビジネス・アーカイブズ・アドバイスマネジャーを任命して以来、英国国立公文書館は企業に対して社内アーカイブズに関する適切な規定を制定すること、関心を高め企業史料コレクションの活用を促進すること、ベストプラクティスを広めることによって企業史料の管理における水準を向上させることなどを、主としてウェブサイト "Managing Business Archives"（http://www.managingbusinessarchives.co.uk/）を通じて奨励してきた。

英国国立公文書館の外観
（Photograph：The National Archives of the United Kingdom）

第二部　ビジネス・アーカイブズと全国的戦略

ビジネス・アーカイブズに関する全国的戦略
（イングランドおよびウェールズ）[1]

アレックス・リッチー

2009年夏、ロンドンで催された議会レセプションにおいて、「ビジネス・アーカイブズに関する全国的戦略」が開始された。このレセプションには、企業界やアーカイブズ界を代表する幅広い人たちが出席していた。スピーチをした人たちの中には、イングランド銀行総裁のマービン・キング卿、イギリスの大手食品・衣料品小売業マークス＆スペンサー社長のスチュアート・ローズ卿、イギリス情報局保安部（MI5）前部長デイム・ステラ・リミントンなどがいた。デイム・ステラは、アーキビストからキャリアをスタートさせた人である。ビジネス・アーカイブズ・カウンシル（Business Archives Council）や国立公文書館などの関連団体は、企業の記録物の保護の促進と、その価値に対する認識を拡大するための協定計画を策定すべく5年間取り組んできたが、この「全国的戦略」の開始は、その到達点であった。2009年を境に、「戦略」は計画段階から実行段階へと移行したのだった。

私自身がこの「全国的戦略」に関わるようになったのはこの時からである。とはいえ、私はすでに長く企業の記録、なかんずく造船業における企業の記録に関わってきた経験があったため、国立公文書館の専任ビジネス・アーカイブズ・アドバイスマネジャーとなった。それゆえ私は、関連団体と協力してこの「戦略」を推進すること、および、国立公文書館が関与することが最も適している事柄について「戦略」を推進することに、責任を持つ立場にある。2011年1月には、この「戦略」と同趣旨の、「スコットランドにおけるビジネス・アーカイブズの全国的戦略」がエジンバラでのレセプションにおいて開始され、それ以後、両戦略の実行グループは密接に協力してきている。

第7章　ビジネス・アーカイブズに関する全国的戦略

　この「戦略」の最終目標について取り上げる前に、イギリスにおける企業アーカイブズの現状を少し見ておくことにしよう。自社のアーカイブズについて何らかの措置を講じていることが判明している企業は、およそ 80 社である。ロンドン証券取引所の定義する大手 100 社のうちでは、こうした措置を講じているのは 20 社であるが、このいわゆる FTSE100 と呼ばれる大手 100 社は、登録先はロンドン証券取引所だが、主として海外で活動している大企業を多く含むため、これをイギリス企業の代表とみなすのは、おそらくあまり適切ではないだろう。

　企業アーカイブズは、銀行と小売業、とくに高級品を扱う企業に多い。これ以外では、飲料業を除くと、単一の有力な業界はない。企業では、専門資格を持つアーキビストを雇用することが増えてきてはいるが、長年勤めて会社の歴史と遺産に対する情熱を持つ社員に、形式的にアーキビストという肩書きを持たせたり、アーキビスト以外の何らかの権限でアーキビストとしての活動をさせたりする伝統が、いまだに根強い。多くのビジネス・アーキビストはビジネス・アーカイブズ・カウンシルやアーカイブズ・レコード協議会ビジネス・レコード分会のメンバーであるか、または、折々会合を開く小売業界アーキビストの非公式なグループのメンバーである。しかしビジネス・アーキビストの中には、地理的に離れている、前述のどのグループにも所属していない、自分たちが活動する部門があまりに小規模だ、などの理由から、自分たちは孤立していると考えている人たちもいる。保険会社のアーキビストたちには、かつては独自のグループがあったのだが、現在ではアーキビストのいる保険会社は 2 社しかない。

　ビジネス・アーカイブズの世界でも、知られている以外のところでアーカイブズの保護についてさらなる取り組みがされている事例もあるかもしれないが、まだそれは明らかになっていない。どこそこの企業の社員がアーカイブズについていろいろと活動している、というような情報を伝えてくれるビジネス・アーキビス

第二部　ビジネス・アーカイブズと全国的戦略

トと連絡を取り合う中で、いくつかの興味深い展開が明らかになってきている。こうした情報提供をきっかけに私はその企業にアプローチし、そこから、会社の遺産資源をどのようにして持続可能なかたちで管理していけるかを話し合う、継続的なやりとりが始まるのである。

　要するに、イギリスの企業アーカイブズ分野は、統一されたものでもないし、必ずしも強固でも、また分野内での互いの結び付きが常にあるわけでもない。イギリスのアーカイブズ分野全体がそもそも小さなものであるが、企業アーカイブズはその縁に存在しているのである。それにもかかわらず、いくつかの健全な発展の兆しも見られる。

戦略目標

　二つの「全国的戦略」[2)] では、四つの戦略目標を共有している。

企業における記録物やアーカイブズの価値に対する認識を高め、アーカイブズの専門コミュニティーからの助言や支援を提供する

　多くの企業が、自らの歴史、ひいては自らのアーカイブズが、開発可能な大きな資源であること、特に周年記念事業が関わる時にはより一層それが当てはまる、ということに気付きつつあることを示す明確な証拠がある。例えば、マークス＆スペンサー社では2009年に125周年記念を大いに活用した。この事業に続いて、同社では2011年11月にリーズ大学構内に専用に建築したアーカイブズを開館する予定である。これほど整備されてはいないが同じように興味深いのは、バトリン社のホリデーキャンプのアーカイブズで、75周年（1936～2011年）記念事業を支えており、その記念パンフレットが顧客の強い郷愁と愛着を呼び起こしている。このアーカイブズはまだ十分に開発されていないが、最近ま

でその存在さえほとんど知られていなかったのであり、これはイギリスの海辺での休暇のあり方の移り変わりの歴史を知る重要な資源になる。一つの企業がその遺産を効果的に活用すると、他の企業の対抗心を刺激する。企業同士が同じマーケットでの競争相手である場合には、なおさらそうなる。

企業が持つビジネス・アーカイブズ、および、公的資料保存機関でのビジネス・コレクションの数を増やす

　これは二つの観点から、特別な挑戦である。平均的な企業で、自らアーカイブズを持つことに気が進まないでいるところに対して、アーカイブズを持つように後押しするために示せるインセンティブが、ほとんどないからである。しかし企業の側に、すでにこの資源を活用するアイデアや希望がある場合には、「戦略」は企業を前向きな方向に導くことができる。企業が自らのアーカイブズを再発見した好例は、ロンドンにある百貨店のセルフリッジズ社である。数年前、アーカイブズは退職した元社員が社内で管理していたが、その後、資料は広告史財団（History of Advertising Trust）に寄託されることとなった。ところが2010年までにセルフリッジズ社は、資料を自らの管理下に戻し、利用に供することを決めた。2011年後半には、同社はロンドンの旗艦店内にアーカイブズ施設をオープンする予定である。このケースから、「戦略」のテーマの一部が実行されているのを見ることができる。すなわち、現在の状況の中で、過去の遺産の真価を再認識し再活用すること、将来の革新にアイデアを与えるダイナミックな資源として、アーカイブズを活用したいと望んでいること、である。

　企業が自らアーカイブズの保存活用に関して手立てを講ずるよう勧めることに、「戦略」がどれほど成功しようとも、引き続き、イギリスの国・自治体・大学の資料保存機関のネットワークによっ

第二部　ビジネス・アーカイブズと全国的戦略

て、多くのコレクションを保護することは必要であろう。この保護のあり方は、各機関が企業の記録物に対してどのような対応をとっているかによって異なってくる。今までは、記録が完全に失われることを防ぐ効果的なセーフティーネットであった。しかし現在の経済情勢下では、これらの機関が、潜在的に利用の少ない大きなコレクションの受け入れを今後も歓迎すると推測することはできない。ある企業が倒産を避けられないという時に、その記録を救うことができるかもしれない資料保存機関自体が、経済面での圧力の下、対応できないかもしれない、という恐れが常にある。イングランドとウェールズの地方自治体の資料保存機関では、寄託されている企業の記録物全体のうち、約75％を収蔵しているが、現在の状況下では特に強い重圧を受けている。この分野により多くの機関が新たに参入するよう勧めたり、より安定した財政基盤のある主要な機関が今まで以上の責任を担うことを期待したりすることが必要になるだろう。

企業の記録物についての一般的な認知度と全国的なアーカイブズ・ネットワークの中での理解を高め、同時により幅広い利用と新たな活用を推進する

イギリスでは、経営史は、ごく少数の専門家だけが興味を持つ、特殊な学問分野として存在してきた。それでもなお、企業の記録物は歴史と社会の幅広いトレンドを描き込んでいるし、さまざまな方法で利用することができる。このことは、最近、著名な歴史家であるナイアル・ファーガソンが、あるテレビ番組の中で具体的に示した。このテレビ番組は、世界中で西洋の服飾モードが受け入れられていく様子を取り上げたものだった。ファーガソン教授が使ったのは、サヴィル・ロウ[3]の紳士服仕立ての伝統を事実上築いたロンドンの仕立屋ヘンリー・プール社の顧客記録からの事例である。同社の有名な顧客は、ほかならぬ皇太子時代の昭

和天皇である。そこでファーガソン教授は、小さなロンドンの企業の記録を使って地球規模で意味のあることを指摘し、企業の記録はかつて押し込められていたような狭い限られた利用の殻を破り得ることを示した。ファーガソン教授は、それまでの自身の経営史研究の蓄積があるので、普通よりもこうしたことを明らかにしやすかったと言えるかもしれないが、この事例を見れば、他の人たちも、主流にいる歴史家たちが通常使っている資源だけではなく、それ以外の資料も見るようになるかもしれない。

より日常的なレベルでは、ウェブサイト『ビジネス・アーカイブズを管理する（Managing Business Archives）』の項目の中に、ビジネス・アーカイブズに関するニュースやイベントについて周知するものがある。その「ニュース」のページでは、企業の記録物の重要な寄託や、ユネスコの「世界記憶遺産」のリストのイギリス版に新しい追加があったという最新の発表などが報告される。ビジネス・アーカイブズは、単体の資料またはコレクション全体（例えば、スコットランド銀行アーカイブズ）で、新しい登録20件のうち6件を占めている。また、ビジネス・アーカイブズに関する、地域単位のものから、全国規模のもの、国際的なものまで、会議・講演会・展覧会といったイベントの予定が、1年先のものまで記載されている。こうした情報は、今後の計画を立てる上でも便利である。このようなイベント予定を載せることは、ごく当たり前の取り組みのように思われるかもしれないが、このアイデアが熟したのは、つい数カ月前のことである。

ベストプラクティスの見本、専門研修、および資金や支援体制の拡充により、ビジネス・アーカイブズの管理水準を高めること

これは「戦略」がまず最初に掲げた目標である。ベストプラクティスのウェブサイト『ビジネス・アーカイブズを管理する』が、「戦略」立ち上げと同時に開設された。ウェブサイトには、企業

第二部　ビジネス・アーカイブズと全国的戦略

が自らのアーカイブズ資料を管理するのに役立つさまざまな情報が載せられている。このサイトは、経験のある実務家のみならず、アーカイブズ管理についてあらかじめ何の情報も専門知識も持っていないような、企業の従業員に向けて作られている。ここには、ビジネス・アーカイブズの利用のケーススタディ、専門的な管理のなされているアーカイブズを持つ企業の一覧、ビジネス・アーカイブズ関連イベントの予定が、さまざまなサイトへのリンクや専門的な情報と共に掲載されている。現在、アーカイブズ収蔵施設としての基準を完全に満たす新しい建物を建設する企業の活動が、非常に活発になっている。この詳細については以下に述べる。

進　展

　最後に、「戦略」の開始以来、何が変わり、何が達成されたかについて考えてみたい。

　第一に、「戦略」が存在するということ、そのこと自体が重要である。かつては、ばらばらに、しかも多くの場合突然起こった危機的状況を受けて議論されていた問題が、今では適切に整理され、周知されている。最終的にまとめられた「戦略」は、長い議論と修正を経た成果であり、それを実践することで何らかの困難が出てくるかもしれないが、その目的そのものは初めからほとんど同じである。ビジネス・アーカイブズや経営史に関心を持つ人の数は少なく、彼らが別々のグループであるために、より一層その影響力は弱められていたが、今や、それぞれの関心を結びつけるものが存在し、「戦略」を通して、彼らの見方はより尊重されるようになっている。

　第二に、私自身の経験から言うと、自分たちのアーカイブズの価値について全国レベルで認識されていることや、国立公文書館が関心を持ち関与しているということによって、企業は喜ばしく感じているし、ビジネス・アーキビストは助けられている。これ

まで、企業アーカイブズはアーカイブズ界の縁に位置していたが、現在では、彼らは自分たちが長く求めていたような、新しい、より高いステータスを得たと感じているだろう。企業アーカイブズが、助成金への応募資格を得られるようにするにはどうすればよいか、ということについてはまだ問題が残されているが、この点でも進展は見られる。

　第三に、イギリスの企業アーカイブズは前に向かって進んでいる。その数は増えており、アーカイブズ資料の保存活用に関してよりよい準備がなされている。ロンドンをベースにしている巨大銀行HSBCとマークス＆スペンサー社はいずれも、近々新しいアーカイブズ施設を開く予定である。大手小売業のジョン・ルイス社は、主要な業務の記録と、現在は遠く分離されているカマーズデイル・テキスタイル・コレクションとを一緒にできるような、新しい施設を計画し始めたところである。同じように古くから事業を行っているクラークス靴社は、クラーク家の私的財団であるアルフレッド・ジレット財団が管理している、クラーク家と企業遺産コレクションのための新しい博物館とアーカイブズを建設する150万ポンド規模のプロジェクトを進めている最中である。こうしたアーカイブズの建築プロジェクトの規模と志は、その背後にビジネス界が深く関与していることをはっきり示すものである。専門スタッフを雇用し、現代の基準を満たすアーカイブズ収蔵庫を建設しているということで、ビジネス・アーカイブズはイギリスのアーカイブズ界の完全なメンバーになったと言えるのは間違いない。

　厳しい経済情勢にもかかわらず、ビジネス界では、経費節減策としてアーカイブズを閉鎖するのではなく、むしろアーカイブズを設置したり、より充実させたりする傾向にある。しかし今ある全ての企業アーカイブズを、何とか全て永久保存できると考えるのは楽観的に過ぎるだろう。ビジネスの本質として、そのようなことは起こらない。ビジネス・アーカイブズ・カウンシルが刊

第二部　ビジネス・アーカイブズと全国的戦略

行した *Directory of Corporate Archives*（『企業アーカイブズ一覧』、1997年刊）を詳しく読み、現在、国立公文書館が管理するオンラインのアーカイブズ収蔵機関一覧である "ARCHON" にリストアップされている企業アーカイブズと比較すると、大きな変化が見て取れる。しかし、それは企業内で起こる絶えざる変化が、当然ながらそのアーカイブズ管理にも反映されているに過ぎないのだろう。一つの企業アーカイブズが閉鎖されたり吸収されたりしても、別の企業アーカイブズが創設されたり拡充されたりして、相殺される。従って、全体的な状況は過去14年間で変化したと言えるが、必ずしも状況が悪化しているわけではない。ビジネス界では、アーカイブズとは負担すべきコストではなく開発可能な資源だと認識することが増えてきており、前向きな機運が出てきたと言って間違いない。

　第四に、事業の失敗、経営権の移譲、および合併に対して、協力して対応するようになってきた。戦略によって6人のメンバーによる危機管理チームが創設され、彼らは電子メールで連絡を取り合い、企業の記録物が危機に瀕していると思われるときには、情報を集め、行動を調整している。迅速に介入することで、これらの資産について幅広く関心が持たれていること、また、もし寄託を望むのならば、それについての助言や実務面での支援が得られることに、事業の経営者たちが確実に気付くようになった。このチームはイギリス全体をカバーするように設計されており、当然ながら、必要に応じて各地域の地元アーカイブズと密接に協力している。

おわりに

　「戦略」の構想段階で、一つ見落としていた点がある。全国をカバーする戦略とすることにあまりにも焦点を当てていたため、海外に本社があってイギリスでも活動するような、地球規模で活

動する企業について何も言っていなかったのである。最近、スイスの製薬会社であるロシュ社のアーキビスト[4]がイギリスの国立公文書館に来て、100年前にまでさかのぼる同社のイギリスでの活動について講演を行った。バーゼルにある同社のアーカイブズ本部には、イギリスの経営史、建築史、社会史に関連する資料がたくさんある。ここ数年イギリスで非常に大きな位置を占めている日本企業の記録の中には、どのぐらい多くのものを見つけることができるだろう？ 東京で開催されたICAシンポジウムの成果として、花王株式会社やトヨタ自動車株式会社などのような日本の企業のアーキビストたちとの関係を発展させることができれば、それはとても喜ばしい進展である。

［注］
1)［訳注］この「戦略」の本文：National Strategy for Business Archives (England and Wales). http://www.businessarchivescouncil.org.uk/materials/national_strategy_for_business_archives.pdf/,（参照2011-9-16）.
2)［訳注］二つの全国的戦略とは、上述イングランドおよびウェールズの戦略と、2010年7月に定められたスコットランドの戦略（A National Strategy for Business Archives in Scotland）のこと。後者の本文："A National Strategy for Business Archives in Scotland". Business Archives Council of Scotland. http://www.gla.ac.uk/services/archives/bacs/nationalstrategyforbusinessarchives/,（参照2011-10-17）.
3)［訳注］高級紳士服を扱うことで有名なロンドンの商店街。
4)［訳注］これは本論文集にも寄稿しているAlexander L. Bieriのこと。この講演の音声は英国国立公文書館のウェブサイトに掲載されている。"The Second World War and Roche's expansion to the West: a Swiss pharmaceutical company in the UK", The National Archives. 2011-05-06. http://www.nationalarchives.gov.uk/podcasts/roche.htm/,（参照2011-10-17）.

第 8 章

インド準備銀行アーカイブズ

歴史資源そして企業資産

第二部 ビジネス・アーカイブズと全国的戦略

アショーク・カプール
大貫 摩里 訳

第二部　ビジネス・アーカイブズと全国的戦略

アショーク・カプール
Ashok Kapoor

インド準備銀行アーカイブズ
主任アーキビスト／ジェネラルマネジャー

　1951年ニューデリー生まれ。1972年にデリー大学卒業。35年間にわたりアーカイブズ専門職としてインド国立公文書館やインド準備銀行においてさまざまな部署で働いてきた。インド歴史記録委員会、全国デジタル保存委員会、国際アーカイブズ評議会企業労働アーカイブズ部会運営委員会の各委員である。国内外の各種定期刊行物にアーカイブズと記録管理に関する記事を寄稿してきた。

インド準備銀行（インド）

　インド準備銀行の始まりは1926年までさかのぼる。それはインドの通貨と財政に関する王立委員会が、通貨と信用の管理を政府から分離するため、またインド中の銀行制度を改良するために中央銀行の設立を推奨したことが契機となっている。準備銀行は1934年のインド準備銀行法により中央政府の銀行として設立され、1935年に開業した。それ以来インド準備銀行の役割と機能は、インド経済の本質が変化したのと同様、幾度も変化した。経済が深化、拡大し、さらにグローバル化されるにつれ、インド準備銀行の使命は広がった。しかし、今日の準備銀行には初期の機関との類似点が残っている。

インド準備銀行アーカイブズ
（マハーラーシュトラ州プネー）

　インド準備銀行アーカイブズは以下のような展望と使命を持って1981年8月24日に設立された。

　展望 -- 後世の人々のために、電子的形態を含むインド準備銀行の全ての永久保存記録の科学的保存に関し、最上の水準を用いたアーカイブズとして卓越すること。

　使命 -- インド準備銀行の非常に貴重な記録をアーカイブズ資源の一部として保存し、有能かつ献身的な職員の経験を活用することによって、また最新技術を用いることによって、それらの貴重な記録をレファレンスと研究のために現在と将来世代に対して提供すること。

　インド準備銀行は記録の修復、修理、マイクロフィルム撮影、スキャンのための設備を組織内に持つ。インド準備銀行アーカイブズはインドにおける最も良質な中規模アーカイブズの一つと見なされている。

アーカイブズ博物館の展示
(Photograph：Reserve Bank of India Archives)

第二部　ビジネス・アーカイブズと全国的戦略

インド準備銀行アーカイブズ
—歴史資源そして企業資産—

アショーク・カプール

　インド準備銀行アーカイブズ（以下、RBI アーカイブズ）は、①インド準備銀行（以下 RBI。インドの中央銀行）の中央アーカイブズとして機能すること、②研究者にとって永く貴重な存在となる非現用文書の保存庫として機能すること、という二つの目的を持って 1981 年 8 月 24 日に設立された。これは、RBI の計り知れないアーカイブズ遺産を、後世に伝えられないという取り返しのつかない損失から救う、先駆的な取り組みであった。

　RBI アーカイブズの機能は次の通り。
1) 歴史的、法的価値があり、ファイルが完結してから 12 年以上経過した非現用の永久保存記録の受け入れ。
2) 記録、写真、絵画の科学的な修復・保存。
3) RBI の行内利用のための情報提供。
4) RBI による全ての出版物を保管するためのアーカイブズ内資料室の維持。
5) 研究者や学生への研究施設の提供。
6) 記録のデジタル化とマイクロフィルム化。
7) RBI 史の形成に貢献した人たちの回顧録を録音・記録するオーラルヒストリー・プログラムの実施。

　1935 年設立以来の RBI の軌跡は、インド経済の絶え間ない発展をたどる軌跡である。この背景の中で、RBI アーカイブズの設立は、国内各地に散らばっていた記録を集中化した点で意義深い一歩であった。RBI アーカイブズはインド国内における最初の組織内アーカイブズであった。過去 29 年を通じて RBI アーカ

第8章　インド準備銀行アーカイブズ

イブズは、研究者や銀行職員にとって歴史的、法的価値を持つ非現用記録を発掘し、入手し、保存し、利用可能な状態にすることに従事してきた。RBIアーカイブズはインド国内において、最も設備が整い、うまく維持されたアーカイブズの一つであるという評判を得ている。

1. 歴史的資源としてのRBIアーカイブズ

　RBIの歴史は興味深い出来事と発展に満ちあふれている。RBIアーカイブズに保管されている記録のいくつかはインドの中央銀行設立以前にさかのぼる。東インド会社がかつて保有し、その後インド政府通貨局（Department of Currency）に保有された用済み後の有価証券や債券はRBIに譲り渡された。1777〜1894年の期間に関するこれらの記録は非常に重要な資料であり、一般的な金利、経済状況、これらの債券や有価証券を保有していた社会的階層などが分かる。RBIアーカイブズに保管されている記録は、単に業務的用途だけではなく、歴史情報の宝庫として意味がある。インド準備銀行総裁のD・スバラオ博士は「アーカイブズが所蔵する歴史記録と文書は、時間を超えて視覚資料やエピソードを提供し、われわれが組織の記憶に到達するのを助けてくれるのである」と述べている。

　組織内アーカイブズは、さまざまな理由から設立される。一般的な要因は企業史編纂や創立者の伝記作成、あるいは節目になるような周年事業である。時の経過とともにかつて作成者の業務用途に役立っていた記録は、豊富な情報源として歴史研究やそのほか多くの研究分野において重要になってくるのである。RBIアーカイブズに保管されている記録は、学者や学生の利用が可能である。さらに、RBIアーカイブズは3巻からなるRBIの年史を作成する際に多大な貢献をした。なお、1981〜97年の間を対象にした4巻目は準備中である。組織内アーカイブズを設立する明確

133

な利点は、年史を書くために必要な非常に重要な記録の保存が確実になることである。こうした客観的な年史の作成によって、重要な企業のツールが生み出されるかもしれないが、しかし歴史研究を第一目的として組織内アーカイブズを設立することは成功を限定的なものにしてしまう。

1.1. RBIアーカイブズが保有する記録

RBIアーカイブズが保有する記録は、多様で興味深く、さまざまなRBIのオフィスから受け入れた、34,516のファイルと帳簿からなる。さらにアーカイブズには2,700冊の図書、74のオーラルヒストリーのテープ、DVD、CDがある。興味深く重要な記録には、RBIのロゴに関するセレクション、1934年のRBI法、紙幣デザインのセレクションや、インディラ・ガンジー首相が息子のラジーヴ・ガンジーの留学のために外国為替の開放を求めた手紙、RBIのロンドン支店閉鎖の理由、1966年のルピーの平価切り下げ、RBIの株券、RBIの最初の貸借対照表などの記録資料が含まれている。

1.2. オーラルヒストリー・プロジェクト

歴史資源としてオーラルヒストリー証言を用い、紙媒体資料を補完するという目的のため、RBIアーカイブズはRBIの歴史の証人あるいは歴史の中で重要な役割を果たした人たちの回顧を録音するというプロジェクトを始めた。このプロジェクトの下で、前総裁、副総裁、理事たち（Executive Directors）、財務次官、財務大臣にもインタビューが行われた。これらのインタビューは、1981〜97年の間のRBIの年史を執筆する際に、紙の記録を補完するであろう。これらのインタビューは暗黙知の源泉であり、オーラルヒストリーはそれらを明示的なものにし、伝達可能にするのである。これらのオーラルヒストリー・インタビューの重要

性は、ファイルには書かれていない多くの知られざる事実がRBIの年史を作成するにあたって利用可能になるという点にある。

1.3. 研究施設

　RBIアーカイブズで利用可能な記録は、研究にとって豊富な歴史的情報を持っている。伝統的にこれらの記録は銀行史や経済史の研究に多く使われてきた。そしてまた、財政制度や金融政策、産業経済成長といった分野を研究する学者にとって、魅力的であり続けている。ファイル、帳簿、図書、視聴覚資料は、調査し、実証し、新しい切り口に光を当てる学者に必要な証拠となる。30年以上経過してRBIアーカイブズで利用できる全ての記録は、研究や参照のために公開されている。RBIアーカイブズは銀行業、財政、経済学、歴史学の研究者の関心を集めているため、彼らの多様な要望を常に視野に入れて、研究用の紙媒体記録の保管、利用、検索の合理化のために、記録のデジタル化を進めている。加えて、われわれは歴史研究のトレンドを常に注視し、RBIアーカイブズを閲覧する学者の興味を引きそうな新しい記録シリーズの受け入れについてわれわれのジャーナルを通じて情報提供している。

2. 企業資産としてのRBIアーカイブズ

　アーカイブズはいかなる組織においても情報システムの基幹と見なされており、組織内で価値のある資産であり続けるために、アーキビストは以下の点に留意して企業統治の変化に対応していかなければならない。

1) スペース、マンパワー、その他のリソースに目を配りつつ、作成部署からアーカイブズへの記録物の流れをコントロールすること。アーカイブズに移管されるのは、決定的に重要な

第二部　ビジネス・アーカイブズと全国的戦略

記録のみであること。そのために、「アーカイブズと記録管理に関わる方針（Archival and Records Management Policy）」を現在策定中である。
2) 記録は常に利用、検索、アクセス可能な形態にしておくこと。
3) アーカイブズは最新の情報技術を取り入れ、電子記録と共に紙媒体の記録も保持していく計画を立てること。
4) 記録の原本は組織の活動に対し証拠を与えるゆえに、責任を厳密にする最も有力な手段であること。
5) アーカイブズが保有する記録はインド証拠法（Indian Evidence Act）のもと裁判所において第一の証拠として扱われること。
6) アーカイブズは法規上やコンプライアンス上から必要な極めて重要な記録を保存し媒体変換していく包括的な計画を立てること。
7) 情報公開法（Right to Information Act）の下で、アーカイブズは定められた期間内に情報提供しなければならないこと。

RBIアーカイブズの記録は多種多様な理由から企業資産であり、RBIの円滑な業務遂行に役立っている。以下は、記録を企業資産として使う事例である。
a) アーカイブズの経営管理上の利用：
　記録は前例の宝庫である。現代の複雑な世界において、企業の経営陣が過去を常に振り返り、何が起こっていたかを知っておくことは、徹底調査の繰り返しを防ぎ、時間や労力やリソースを無駄にしないために必要なことである。さらに、以前の決定、規定、法律に対して、明らかに不当な矛盾した行為を行うことにより、最終的に困惑に陥るということがないように、前例としてアーカイブズを使うことは常に有益なことである。記録は組織の有形の記憶として役立ち、経営陣にとって重要な機能を果たしているのである。

第8章　インド準備銀行アーカイブズ

　　記録は効果的な企画立案ならびに説明責任や義務の明確化のために、極めて重要なツールである。記録は過去の審議や決定を再考するために役に立つ。記憶だけを頼りにすると事実に関する矛盾や無意識あるいは故意による誤解を招き得る。完全な記録は最も客観的な報告者であり、そのため統治に不可欠な責任を明確にする重要な手段なのである。

　　アーカイブズは長期的な記憶、歴史、遺産、企業統治に関わるだけでなく情報を適切に管理し、必要な時にいつでも情報を検索できることにより、直接組織の役に立ってもいる。アーカイブズは、組織が管理でき、検索でき、使うことができる価値ある記録だけを保存するように注意している。そうすることによって、アーカイブズは経営陣がよりよい意思決定を確実にできる一助となっている。アーカイブズはわれわれの過去に関する情報を提供するだけでなく、未来のガイドにもなっているのである。

b) アーカイブズと情報公開法：

　　情報は民主主義社会にとって酸素であるというのは、適切な表現である。公的機関に関する情報の公開や利用が可能なことが、民主主義や望ましい統治の重要な要素であるということは、現在広く認識されている。このことを念頭に置き、インド政府は公務員の汚職を根絶し、行政に透明性と説明責任をもたらすよう、2007年に情報公開法を制定した。金融制度の監視人としてRBIは常に人々から見られている。情報公開法はRBIにおいて、有効な銀行業務を国民、特に一般の人々に提供するというわれわれのポリシーを支えるものと見られている。

　　同法の下、情報開示に関する照会件数は2007-08年度（2007年4月～2008年3月）の2,455件から2008-09年度は3,333件、2009-10年度は4,350件と着実に増加してきている。RBIアーカイブズは、経営陣が定められた期間内に一般照会に回答できるように記録の中から情報を抽出している。優れた記録管理シ

第二部　ビジネス・アーカイブズと全国的戦略

ステムと効率的な格納・検索システムは、企業統治の必要条件である透明性と説明責任を獲得し責任を明確化するために鍵となる要素である。

c) アーカイブズと75周年祝典：

　RBIは1935年に設立され、つい最近2010年4月1日、組織として設立されて75年を迎えた。75周年祝典は過去の実績に目を向け、国の中央銀行が人々の生活をどのように変えていくことができるか考えるよい機会であった。過去75年にはRBIの政策や対応に大きな影響を与えたインド国内における広範囲にわたる政治的・経済的な変化があった。アーカイブズ資料からわれわれは、これらの課題へのRBIの対応のほか、これらの出来事も描写することができる。これにより、変化に対するRBIの対応の質や性格の判断を歴史家に委ねることができる。75周年祝典の間、「down the memory lane（記憶の道をたどる）」などのイベントが企画されて、パンフレットや豪華な本が作成され、記録に関する展示などが組織された。RBIアーカイブズはこれらのイベントに興味深い文書や写真を提供した。これらのイベントは、職員に安心感と安定感を与えた。また、75周年祝典におけるRBIアーカイブズの貢献が中央銀行各所で認知され、銀行の企業統治にとって、RBIアーカイブズは資産であると印象づけた出来事であった。

d) 法的証拠としてのアーカイブズ：

　記録原本はインド証拠法の下で、法廷で第一の証拠として扱われている。記録は信頼すべき情報源であり、経営陣の行動が不当な批判にさらされる時や信頼が揺らいでいる時、弁護のための強い味方となる。アーカイブズは企業が支払う、裁判への証拠提出の多大なコストを節約する。

e) アーカイブズと広報：

　近年、RBIアーカイブズはRBIの歴史や発展を一般の人々に知ってもらうため、博物館を設立した。博物館の展示物は

アーカイブズ文書や写真で、1935年の設立以来のRBIの歴史を通して見学者を旅に導く。いくつかの文書は国の中央銀行を設立しようという考えが初めて提起されRBIが設立されるより以前にさかのぼる。また、展示は独立前後にRBIが果たした興味深い役割のスナップショットを提供し、多くの知られていない、あるいはあまり知られていない事実を世に出すことを試みている。国の経済安定、成長、発展、国際経済関係に関するRBIの首脳陣と首相、財務大臣、政府高官との往復書簡が展示され、これらは健全な経済と国の発展に関するRBIと当時のリーダーたちの懸念と関わりを前面に押し出している。要するにこれらの展示を通じて見学者は、国家の形成過程やその中でのRBIの役割を垣間見ることができるのである。展示は生徒・学生を含めたあらゆる階層の人々の関心を引くのである。

f) 記録の経営管理的価値：

　優れた記録管理は優れた統治に不可欠な要素である。記録は作成部署または特定の活動や取引に関わった個人によって作成される。記録は組織の起源や成長を反映している。そしてあらゆる活動に関する主要な情報源である。記録は、基本的な経営管理上のツール、企業の財政的・法的コミットメントの手段である。記録は企業の行動の継続性や一貫性、政策決定のため、また組織や手続き上の問題はもちろん、経済問題への対処のため、多くの公式な経験を具体的に示すのである。つまり記録は組織を構成する基礎である。しかしまた、スペース繰りのためのむちゃくちゃな廃棄、記録の誤った評価、保管設備の欠如のために、多くの記録が失われ、歴史家、企業の経営陣、子孫に損失をもたらすこともあるのは事実である。

第二部　ビジネス・アーカイブズと全国的戦略

3. 今後の課題

a）電子記録：

　　現世代のアーキビストは新しい現象、すなわち電子記録に直面している。物理的存在としての紙の緩慢で漸進的な消失は、デジタル時代の最も興味深く魅惑的な面の一つである。紙の記録は、何世紀も前にシュロの葉や羊皮紙に取って代わったように、目に見えない電子記録に取って代わられつつある。組織内アーカイブズのアーキビストは紙と電子記録の間をつなぐために関連する分野における自らの技術や知識を向上させるべきである。アーキビストは時の流れの中で証拠をつかみ、管理し、利用者に届けるための能力を発揮すべきである。アーキビストは保管するものを特定し、何年保管するかを決め、また最も大事なことであるが、記録を企業資産として管理できるように検索システムを構築しておくべきである。

b）核となる活動に集中する必要：

　　組織内アーカイブズにおいて、年史の編纂、広報、広告キャンペーン、周年行事でのパンフレット類の発行、年次報告書に含めるための歴史統計の提供といった補助的な役割にエネルギーを向けていることはよく見られることである。しかし、そのためアーカイブズの核となる活動は後回しになってしまっている。法的、財務的、業務的必要性に対処するために企業の記録管理が適切に行われることは最も重要である。

c）アーカイブズ意識：

　　実業界では、ほとんどが競争、財務収支、法的または他の規制的コンプライアンスの面に専念していて、アーカイブズは優先順位が低いことは否定できない。組織内アーキビストはアーカイブズが外部照会、規制的コンプライアンス、歴史研究や過去の出来事を理解することに役立っているということだけでな

く、組織の記憶（memory）を形成し、説明責任を確立し、過去の決定にまつわる証拠を提供し、業務上の慣例に対し効率性と経済性をもたらしているといったことも経営陣に理解してもらうように協力して努力すべきある。これを踏まえると、アーカイブズ資料は財政的負担ではなく、企業統治のための資産と見なされるべきある。

d）アーカイブズに対する経営陣の見方を変える必要：

　アーカイブズは膨大なプレッシャーと制約の中で活動しているということが理解されないまま、直ちに成果を出すことを求められている。労働環境はしばしば悪く、スタッフや予算の不足がみられ、意義の少ない活動と捉えられている。組織内アーカイブズは非常に重要な記録のアーカイブズへの移管、適切な収納、記録の維持管理、保存、修復、迅速な検索といった核となる活動に優先順位を置き、集中すべきである。

　要するに、記録とは民主主義において公務員が人々に対し責任を果たす手段なのである。記録は経営管理上のツールであり、組織の記憶であり、経験の具体化であり、法的権利の擁護者であり、情報の宝庫である。これら全ての特徴によって、どのような社会においても、アーカイブズは企業統治のための重要な資産となっているのである。

第 9 章

誇りある遺産

買収・統合後の歴史物語の重要性

第三部 アーカイブズを武器に変化に立ち向かう

ベッキー・ハグランド・タウジー

松田 正人訳

第三部　アーカイブズを武器に変化に立ち向かう

ベッキー・ハグランド・タウジー
Becky Haglund Tousey

クラフト・フーズ社
アーカイブズ・情報資源部
副部長

　ベッキー・ハグランド・タウジーは1991年にクラフト・フーズ社に入社した。それ以前は、州政府アーカイブズ、大学アーカイブズ、そして手稿史料保存機関などに勤務した。クラフト・フーズ社では、いくつかの地域に分散するスタッフと記録資料保存所を含む会社のアーカイブズ・プログラムを監督している。

　彼女は認定アーキビスト協会会員である。アメリカ・アーキビスト協会ならびに関連する米国内の団体に積極的に関わっている。国際アーカイブズ評議会企業労働アーカイブズ部会の事務局長であり、2007年5月に東京で開催された「アーカイブへのアクセス：日本の経験、アメリカの経験」と題された日米セミナーを含む数多くの国内外の会議に参加している。

クラフト・フーズ社（アメリカ）

　クラフト・フーズ社は世界第2位の食品会社。約170カ国の数十億人の消費者のためにおいしい製品を製造している。製品ラインには、ビスケット（オレオ、ナビスコ、LUの各ブランド）、チョコレート（ミルカ、キャドバリーの各ブランド）、ガム（トライデントブランド）、コーヒー（ジェイコブズ、マックスウェルハウスの各ブランド）、フィラデルフィア・クリームチーズ、クラフトブランドのチーズ・ディナー・ドレッシング、食肉類（オス

カーマイヤーブランド）など、10億ドル（約800億円）を超える利益を上げている11の象徴的なブランドが含まれている。全ブランドのうち45のブランドは100年以上の歴史を持つ。本社は米国シカゴ近郊にある。

クラフト・フーズ社アーカイブズは1980年代初期に会社の1機能として設立された。その使命は、会社の情報資源を現在ならびに将来の企業ニーズに適合するように責任を持って活用すること、そしてブランドと会社の名声を高めることである。永続的な事業価値を持つ生き生きとした一連の社内記録を特定し、それらを保存することによって、その使命を果たしている。

クラフト・フーズ社アーカイブズの内部

第三部　アーカイブズを武器に変化に立ち向かう

誇りある遺産
―買収・統合後の歴史物語の重要性―

ベッキー・ハグランド・タウジー

1. はじめに

　数多い企業文化の中で歴史遺産に関する物語は重要な部分を占めている。これらの物語はしばしば、創業者個人の伝説や危機脱出の例示、創造的思考、倫理的原則などが中心となっている。それらは企業の根底にあるものであり個性の部分であり、ちょうど本書で紹介されているようなさまざまな形で伝達されて活用される。企業は遺産物語を誇らしく、次世代の従業員に伝えていき、消費者や株主や情報メディアといった外部の利害関係者とも共有していくものである。遺産物語はこれらの人たちに誇りを浸透させ、示唆を与え、企業やブランドに対する名声を維持強化していくことができるのである。

　企業がこの遺産物語を発見するためにはアーカイブズ部門やアーキビストに頼ることとなる。そしてその物語がただ、会社内部の従業員にだけ通じるとしても、メディアを通して広く浸透しているとしても、私たちの企業とブランドの物語が根拠のあるものであるということが、専門的な観点、また評判という観点からすると重要である。企業は、正確で証明し得る情報を特定し、保存し、そしてその情報にアクセスを提供することを、社内のアーカイブズに依存している。遺産物語ともなればなおさらである。

　本稿では最近行われたクラフト・フーズ社によるキャドバリー社の買収に焦点を当てる。遺産物語が、新しい企業体となる二つの会社の統合をいかに容易にするかという事例となると思う。ここでは統合前の会社を「元のキャドバリー社」と「元のクラフト・

フーズ社」として言及する。

2. クラフト・フーズ社

　クラフト・フーズ社の物語に関する簡単な背景説明から始めたい。

　クラフト・フーズ社は北米で最大のそして世界で第二位の食品会社である。当社は多くの独立した子会社を持つ持ち株会社ではなく、むしろ世界中に 70 以上のブランドを持つグローバル企業である。会社の名前はカナダ生まれの起業家で、1903 年にシカゴに移住後一人でチーズ販売業を始めたジェームス・L・クラフトに起源を持っている。彼のビジネスは主としてプロセスチーズの特許のおかげで、その後 20 年以上も成長し続けた。この特許はナチュラルチーズに熱処理を施し、混合することによって、当時としてはより保存が利き、廃棄物とバラツキを減らすことに資するものだった。

　1920 年代クラフト氏はチーズのビジネスからもう一つの分野であるサラダドレッシングへの拡大を決意した。そこで、彼はアメリカ各地のサラダドレッシング会社数社を買収し彼の組織に統合した。ジェームス・L・クラフトの会社は、イノベーションという有機的成長と、他の食品会社を取得し統合する買収の両方を通し、この成長モデルを継続してきたことで、今日世界的でダイナミックな会社になったのである。今日のクラフト・フーズ社はかつて、それぞれに創業者と個性ある歴史を持つ数社が一つになった結果である。

　クラフト・フーズ社のアーカイブズ部門（archives program）は 1980 年代の初めに確立された。新しい会社の吸収合併ごとにアーキビストは同じ状況に遭遇している。多くの場合、吸収された会社はいくばくかの歴史的記録を保存しているが社内にアーカイブズ機能を受け持つ部署やその業務もなければ、教育された

アーキビストもいない。社内の本社や工場施設に保管されている古い記録には、おそらく非公式な担当、つまり会社の歴史を補完することの重要性を認識する善意の従業員がいたのだが、その従業員には本務が別にあるので会社の歴史のために割く時間はほとんどなかった。目録もないのでそれらの記録はほぼ利用不可能であり、物理的にも最適とはいえない保護状態で危険な状況にあった。

　吸収された会社の既存の歴史的な記録が量的にも状態的にもどうであれ、クラフト・フーズ社アーカイブズのスタッフはそれぞれの会社の歴史に深く潜り込む。私たちは社内の記録や社外の出版物を含め可能な限り全ての情報源を用いて、その企業の創業と発展に関する詳細な調査を行う。その企業と製品の仕組みと領域について理解しようとする。企業所有の施設なのか、外部の保存所なのか、どこに歴史記録が保管されているのかを見つけ出す。どれが継続的な業務価値を持つのかを特定しようと非現用記録を精査する。適当な時期に、その会社内の歴史記録は、私たちのアーカイブズ施設のいずれか1カ所に移管され、そこが新しい保管場所となる。そして、目録が作成され、保存されて、照会に役立てられる。そうすることで私たちは、その記録と遺産物語、そしてその企業とブランドの歴史をクラフト・フーズ社全体の歴史の中に織り込んでいく。

3. キャドバリー社の買収

　2010年2月クラフト・フーズ社は英国を象徴するチョコレートブランドのキャドバリー社を買収した。この買収は過去の買収とはいくつかの点で異なっていた。まず第一に、100年を超すクラフト・フーズ社の歴史の中で、キャドバリー社は初めての敵対的買収によるものであり、キャドバリー社からクラフト・フーズ社に申し入れがあったわけではなく、4万5,000人のキャドバリー社の従業員は英国の一般市民同様、5カ月の交渉期間中買収には

第 9 章　誇りある遺産

抵抗していたのである。

　第二に、2010 年 2 月 4 日、ひとたび買収交渉成立となった時に、統合の動きは、キャドバリー社の世界的な活動範囲を考えると特に、過去のどんな買収よりも迅速に進められた。そのプロセスは即日に着手された。

　そして、最終的には、キャドバリー社の買収によって、英国のバーミンガム近くを拠点とするしっかりした歴史アーカイブズ 1 カ所が加わった。そこにはスタッフが二人配置されている。従ってアーカイブズの見地からは、その役割と責任が私たちとほぼ同様でありしかも知識豊富な同僚を即座に得ることができた。私たちはこのようにしてキャドバリー社の豊かな歴史、そして、情報源と記録と物語に精通したスタッフへのアクセスを即座に得ることができたのである。

　キャドバリー社の従業員が会社の遺産と創業者、ジョン・キャドバリーの倫理的価値に対し非常に誇りを持っていることは、吸収合併に先立つ数カ月に及ぶメディアによる注目から明らかだった。ジョン・キャドバリーは 1824 年にバーミンガムにコーヒー、紅茶とココアの店を開いたクエーカー教徒であった。彼は資本主義への倫理的アプローチをビジネスの基礎に置いていた。彼の例に倣って、子孫たちは従業員のために模範的な村を建設し、ビクトリア時代のバーミンガムの公害と煤煙を逃れてバーンビルのきれいで緑豊かな土地に移動させた。キャドバリー一族が 19 世紀に始めたビジネスは、チョコレート、チューインガム、そしてキャンディーの代表的なブランドによって、60 カ国に工場を持つ数十億ドルのグローバルビジネスに成長した。

　テリーズチョコレート、デイリレアチーズそしてケンココーヒーなどのクラフト・フーズ社のブランドは英国ではよく知られている。しかし 2010 年 2 月までにキャドバリー社の従業員と英国の消費者のほとんどの人はクラフト・フーズ社という企業とその遺産について少ししか知らなかった。それどころか、その人た

第三部　アーカイブズを武器に変化に立ち向かう

ちはクラフト・フーズ社が英国に 80 年間存在していたこと、クラフト・フーズ社自身が、創業者ジェームス・L・クラフトの倫理的価値に対して誇りをもっていたことも知らなかった。従って、理解できることだが、キャドバリー社の従業員はなじみの無い米国食品企業に買収されることによって、彼らの遺産が損なわれることを恐れていた。

　2010 年 2 月に先立つ数カ月、クラフト・フーズ社アーカイブズの役割は噂される株式取得に関する私たちの企業広報の取り組みを支援することであった。私たちはメディアからの数多くの問い合わせに対して、歴史的遺産に関する情報と画像を提供したが、多くの場合、彼らは会社の伝統に関するさらに掘り下げた物語までは要請してこなかった。彼らはジェームス・L・クラフトの写真やチーズビジネス創業時の一つか二つの文章のような、ほんの表面的なことだけを質問してきた。キャドバリー社アーカイブズで働くわれわれの将来の同僚たちは、キャドバリー社の起源にまつわる写真と情報といった、似たような要請に応えていた。

4. 会社統合に向けて

　内部的には、アーカイブズの役割はもっと積極的(プロアクティブ) で実質的なものであった。

　統合の最初の一歩は双方の会社の従業員にとって重要なニュースと情報が含まれている新しい "Coming Together" イントラネットのサイトであった。ウェブサイトの全てはクラフト・フーズ社の従業員広報チームによって非常に短期間にデザインされコンテンツが掲載された。それは 2 月 4 日の朝には導入され、キャドバリー社とクラフト・フーズ社の世界中の全ての従業員がアクセスできるようになった。統合サイトのキーとなる部分の一つは双方のアーカイブズからの入手情報で作られた「遺産」であった。われわれが非常に短期間に仕上げることができたのは、それぞれ

のウェブサイトに既に存在する遺産コンテンツを再利用できたからである。その「遺産」のコンテンツには、ジョン・キャドバリーとジェームス・L・クラフトに関する伝記的情報や、歴史的に画期となる出来事や象徴的な広告画像などが含まれ、統合が進むにつれてより細やかに共有されるであろう遺産物語を語り始めた。

　情報共有に弾みがついてきてキャドバリー社の歴史についてより多くを学ぶにつれ、クラフト・フーズ社の歴史との多くの相似点を見つけて私たちは興奮した。二人の創業者の人生の間に、そして二つの会社の遺産ストーリーの間に、共通のテーマと共鳴し合う価値があった。ジョン・キャドバリーとジェームス・L・クラフトは両方とも本人自身の道徳的な価値をビジネス関係にも持ち込む信仰深い人たちであった。彼らは従業員がしばしば商品と見なされていた時代に、むしろ従業員を大切にした。そして彼らは品質の良い商品を作り出し、コミュニティーに還元することに全力を傾けた。

　"Coming Together" イントラネット開設以降、アーカイブズのスタッフは従来のキャドバリー社のウェブサイトの中からクラフト・フーズ社の「歴史」イントラネットサイトへ遺産コンテンツを移行することに集中した。そのイントラネットサイトにキャドバリーチョコレート、チューインガム、そしてキャンディーブランドの歴史的な年表、広告画像、さらにジョン・キャドバリーと他のブランド創業者の伝記などを加えた。私たちの前身企業、その企業の創業者と、オレオビスケット、マックスウェルハウスコーヒー、リッツクラッカーなどのブランドに加え、キャドバリーチョコレートとホールズキャンディー、数十のブランドの詳細な歴史に関する、よく研究されすぐにでも使えるような情報が私たちのイントラネットサイトに載せてある。私たちのサイトはまた、写真や広告とパッケージ画像のデータベースにもリンクを張っている。

　このプロジェクトと同時に私たちは前身企業がどのようにして

第三部　アーカイブズを武器に変化に立ち向かう

一つの会社になったかについて写実的な道路地図スタイルを用いて、既存のイラストを修正した。道路地図の画像【図1】はキャドバリーの"道"を含むようにと修正され、ぴったりなタイトル"Growing Together（共に成長する）"と表題をつけられた。お分かりのように、これはおなじみのことわざにある「一枚の写真は千語に勝る」を証明する試みである。

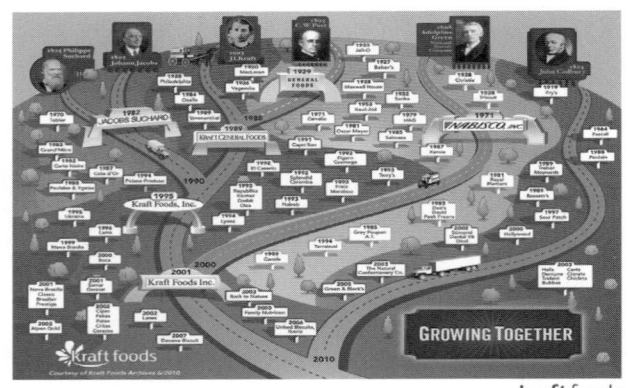

【図1】「共に成長する」

統合の次の段階は、顔と顔を合わせて、またバーチャルな形でも元のキャドバリー社と元のクラフト・フーズ社の従業員がチームとして最初に出会うことを含んでいた。これらの会合は私たちの共有する価値をめぐるメッセージや画像について交流する大きな機会を提供した。アーカイブズのスタッフは会合の企画担当と協力し、会社の創業者やそれぞれの特定の場所や職務に関わるブランドの歴史に関する物語を紹介するプレゼンテーションとビデオクリップを作った。私たちはまた"ちょっと教えて！"といったトリビア（ちょっとした）ゲームに使えるような"面白ネタ"のリストを提供した。そして私たちは双方の社内外の観衆へのプ

レゼンテーションのために上述した道路地図の画像を用いた。これは今も引き続き利用している。

5. おわりに

このように双方のアーカイブズスタッフは統合の初期からそれぞれの元の従業員に対し相手方の会社の歴史を教育することに投入され共働することとなった。双方の会社は会社の過去と遺産物語ともいうべき歴史を保存してきたから、双方の会社が起源と価値における類似性を有していることを、さまざまな媒体や多様な場所で私たちが示すことで、正確で効率的にそれらを共有することができた。私たちは従業員が共通の場所に立てる手助けができたのではないかと喜んでいるし、吸収合併によってもたらされる不安や疑念を克服するのを少しでも可能にできたと思えるとうれしい。アーカイブズの資料や画像記録なしには、また、出来事や画像を調査して文章化するスタッフなしには、これらの共通テーマと価値感に関する情報をやりとりし、それらの物語を二つの会社を一つにするために活用することは難しかったであろう。

アーカイブズスタッフと4カ国に分かれている保存所の統合については、私たちは情報を共有し相互に知り合うことを継続している。私たちはプロセスと手順、目録とデータベースを統合しようとしている。新しいクラフト・フーズ社での顧客からの情報要請に応えられる、より良く、より強いチームを構築中である。

Images：Kraft Foods Archives

第 10 章

企業という設定のなかで歴史を紡ぐ

ゴードレージグループのシナリオ

第三部 アーカイブズを武器に変化に立ち向かう

ヴルンダ・パターレ

宮本 隆史 訳

第三部　アーカイブズを武器に変化に立ち向かう

ヴルンダ・パターレ
Vrunda Pathare

ゴードレージグループ
アーカイブズ マネジャー

　ヴルンダ・パターレは現在、インド有数の商社であるゴードレージグループのアーカイブズを率いている。彼女は、デラドゥン（インド・ウッタラーンチャル州）にある天然石油ガス会社で、インド・マハーラーシュトラ州における知事公邸史プロジェクトならびに博物館プロジェクトの研究助手としてキャリアのスタートを切った。インド・ムンバイ市のタタ基礎研究所アーカイブズのアシスタント・アーキビストとして働いた後、ゴードレージに入社した。彼女はインドのムンバイ大学の歴史学修士号を持ち、インド国立公文書館においてアーキビストとしてのトレーニングを受けた。国内および海外の会議での数次にわたる発表経験を持ち、アーカイブズに関する数多くの全国的ワークショップに中心人物として参加してきた。

ゴードレージグループ（インド）

　1897年に設立されたゴードレージはインドの最も信頼されている会社の一つである。創立者のアルデシール・ゴードレージは弁護士であったが錠前師となり、未来のひらめきがわかる確信的な夢想家で、こだわりのある発明家であった。アルデシールは次に最高級の金庫と防護装備を制作し、そして植物油で化粧石けんを創造したことで全世界を驚かした。彼の発明は今日のゴード

第 10 章　企業という設定のなかで歴史を紡ぐ

レージ帝国の基礎となった。弟のピーロージシャー・ゴードレージはアルデシールの夢を前へと進め、ゴードレージを活発な多角経営の企業に導いた。ゴードレージグループが環境・動物保護への意識的な取り組みを始めたのはピーロージシャーの長男のソホラーブ・ゴードレージが社長在任中のことであった。1996 年に日本の天皇陛下に旭日中綬章を授与された他、多くの国際的に名誉ある賞を受賞した。

現在ゴードレージグループは不動産、日用品（FMCG）、産業工学機械、家電、家具、保安用品、農業製品などの分野にわたる七つの大手企業を傘下に収め、売上高が 33 億ドルを超える。60 カ国に存在し、営業の 25% はインド外で行われている。

ゴードレージ・アーカイブズとなる建設中の建物

第三部 アーカイブズを武器に変化に立ち向かう

企業という設定のなかで歴史を紡ぐ
―ゴードレージグループのシナリオ―

ヴルンダ・パターレ

1. はじめに

　企業が、自己実現の要求を、個人と同様に持っているように思われることはよくある。社会的に認められる功績を通じて、とりわけ自らの遺産を確立しようとするプロセスを通じて、自己実現を果たしたいという要求である。本稿では、ムンバイにあるゴードレージ・アーカイブズを事例として、そうしたプロセスについて考察する。

　情報の制度化という現象はインドではあまり観察されることがない。確かに、歴史は多様な文化的形式において、伝統的に語られてはきた。しかし、記録を保存しアーカイブ化するという営為は、残念ながら一般的に見られるものではなく、企業においてもそれは同様であった。企業の記録は、経営史において非常に重要であるにもかかわらず、あまり利用されていないのである。こうした記録が入手困難であることの原因は二つある。第一に企業が記録と情報の保存に無関心であること、第二に記録が仮に存在しても厳重に保護されているため研究者はまれにしか利用できないことである。このため、企業の進化に関する研究を行うことはさらに困難となっている。

　しかし、この10年ほどの間に、企業記録の保存と活用について、社会一般の意識が着実に高まり、ますます多くの会社がアーカイブズの設立を考慮するようになった。そうしたアーカイブズは、歴史的に重要な記録の選別・保管に関して企業を支援するのみならず、国や社会や人々にその企業が果たした貢献について外

第 10 章　企業という設定のなかで歴史を紡ぐ

部に発信することにおいても、間違いなく重要な役割を果たすであろう。

　インドにおいてビジネス・アーカイブズはいまだ発展の初期段階にある。現在のインドのビジネス・アーキビストにとっては、ビジネス環境におけるアーカイブズの価値を確立することが主要な課題となっている。本稿ではゴードレージグループの経験を取り上げ検討したい。

　私は、企業という設定の中におけるゴードレージ・アーカイブズの役割の評価に着手するにあたり、まだ設立後 5 年しかたっていない生まれたてのこのビジネス・アーカイブズに関して、その価値を測定する最良の方法はどのようなものかと考える必要があった。「その価値は本質的な特性において説明されるべきなのか？」それとも「金銭に換算して説明するべきだろうか？」あるいは「それが生み出す有益な効果や重要な諸関係という観点から語るのがよいのか？」「このアーカイブズをどのような方法で評価するべきなのだろうか？」私は、この新しいアーカイブズが、企業という設定の中でこれまでに果たした役割と、今後果たし得る役割について評価するにあたって、これらのパラメーターを用いることとした。

　本稿ではまず、このアーカイブズの価値を、その「内在的特性」によって測りたい。これは、資料提供側の部署の信頼を獲得すべく設置された、記録管理サービスの質のことと言える。本稿では、記録管理プログラムを構築した際や、ゴードレージ・アーカイブズをテンポの速い企業実務に組み込んだ際に直面した、さまざまな課題を取り上げる。

　「所有者にとっての実用性・重要性としての値打ち」という意味における価値に関連しては、広報・広告・ブランド管理などを含む経営のツールとして、アーカイブズが会社の日常的業務にとっていかに有用かを考察したい。また、ビジネス環境において、アーカイブズの価値と有用性を高め認知度を上げるために、私た

第三部　アーカイブズを武器に変化に立ち向かう

ちが採用した革新的な考え方やさまざまな企画についても紹介する。

　本稿はまた、提供したサービスの結果として、これまでにゴードレージ・アーカイブズが生み出してきた、可視的・不可視的な便益という側面からも、アーカイブズの価値を評価する。こうした価値を決定し得るのは、アーカイブズが顧客やエンドユーザーとの間に確立してきた有意義な関係によってである。

2. ゴードレージ・アーカイブズの誕生

　ゴードレージ・アーカイブズの設立構想についての議論が始められたのは、ゴードレージグループの「百周年記念祝典 1997」の準備が開始された 1995 年のことである。故ソホラーブ・ゴードレージ氏は、百周年記念祝典委員会に宛てた 1995 年 12 月 19 日付の覚書の中で、貴重なアーカイブズ資料をレファレンスと調査のために提供するヘリテージ・センターとしてのアーカイブズの構想を示した。彼は、このアーカイブズの目的を次のように説明している。

1. 会社の精神と発展に関する人々の理解を助けること。
2. 社の発展と精神を形成した人々の特色について理解すること。
3. 創立者による構想から現在の技術的進歩に至るまで、社の価値観と取り組みを跡づけること[1]。

　かくして、ゴードレージ家と社員たちの活動と経験が積み重ねられた数世代の期間にわたる、企業の発展についての理解を深めるために有用な情報源を創出するという課題が、ゴードレージ・アーカイブズに託されたのである。

　文書・製品・広告などの古い記録を探すにあたって、まずアーカイブズ委員会が組織された。1996 年 3 月には、以前のゴードレージ製品や広告、ゴードレージグループの過去に関係する文書

第 10 章　企業という設定のなかで歴史を紡ぐ

などの寄贈を、社会一般の人々に呼びかける広告が新聞に掲載され、非常に大きな反響が得られた。古い文書や写真を収集し目録を作成する任務に当たったのは、元社員のペーシー・マンチェルジー氏であった。これらの資料を基に、B・K・カランジヤ氏による『ゴードレージの百年　1897-1997 年』（全 2 巻）が出版された。

　さらに、ゴードレージ・アーカイブズに所蔵されることになる資料の分類・整理・目録作成のために、アーキビストを選任する必要性があると考えられた。しかし、ゴードレージの会社史をアーカイブ化するプロセスをシステム化するために、専門的なアーキビストがようやく選任されたのは 2006 年 2 月のことであった。

　いまや「ゴードレージ・アーカイブズ」は、「ゴードレージの歴史を保存する機関として、経営史とアーカイブズについての認識を創出するための生涯学習の機関として」構想されるようになった。

　ゴードレージ・アーカイブズのミッションステートメントは、ソホラーブ・ゴードレージがかつて夢見たものに共鳴するように、次のような任務を掲げている。

- ゴードレージの歴史について収集・記録・保存・解釈を行い、それを人々に伝えること。
- 一企業としてのゴードレージの歴史だけでなく、全国的・国際的な観点でゴードレージの位置付けを考慮したリソースを生み出すこと。
- ゴードレージの過去を示すこれらの記録資料を、研究者、学生、経済界、そして一般の人々が使えるようにすること。
- 経営史とアーカイブズについての意識向上を図ること。

　こうして、ゴードレージグループによる、企業としての記憶を生み出すための取り組みが開始されたのであった。「アーカイブズ」という言葉自体は、ビジネスの世界ではなじみの薄い用語で

第三部　アーカイブズを武器に変化に立ち向かう

ある。「なぜアーカイブズか？」あるいは「ビジネスでは前を見据えなければならないのに過去について掘り下げる必要はどこにあるのか？」などのような質問に向き合わなければならなかった。アーカイブズの設立を経営陣が発想したにしても、それは企業グループの中で垂直的にも水平的にも浸透させねばならないということである。このことはゴードレージ・アーカイブズにとって、まったく容易ならざることであった。

　2006年に私たちに来客があったとき、アーカイブズが置かれている工業団地の警備担当者は、私たちの存在自体を完全に失念していたようであった。彼は、アーカイブズのある場所を電話で確認しただけでなく、「あなた方は何を作っているのですか？」と無邪気に尋ねたのであった。私たちは会社に関係する「古い」記録と「古い」製品を収集しているのだと説明すると、彼は即座に「ああ、廃棄物置き場の方ですか」と言ったのである。彼の反応に当惑させられた私に言えたことは、「お客さまをアーカイブズのほうにお連れしてください」という言葉だけであった。私たちの前途に待ち受けた仕事がいかに大変なものであったか、よく分かろうというものである。

　その4年後の2010年、私たちは上級管理職者から風向きの変化を告げる次のような電子メールを受け取った。

　　私は、最近あなたからの連絡を頂いて、アーカイブズ事業部の価値に気付き始めたところです。作業を続けわが社の輝かしい過去について私たちを啓発してください。それは、時とともに部分的に失われてしまったように思われる、豊かな伝統を継続するよう私たちを促すことでしょう。過去から学ぶべきことは明らかにたくさんあるのです。
　　（2010年12月9日付のB・K・ラージクマール氏からの通信）

　実はこれは、過去のわが社におけるクリケットの歴史を調べた

第 10 章　企業という設定のなかで歴史を紡ぐ

ものを掲載した、ゴードレージ・アーカイブズの小さなオンライン展示に対する反響の一つであった。この展示は、スポーツ活動がいかに管理職者や社員たちを同じ土俵に上げ、互いの絆を生み出すのに役立つかを、文書や写真を用いて示したものである。ラージクマール氏は、今日の管理職者たちにとってもこれは非常に示唆的であるとし、「現在、不在であるからこそかえって目立つような慣行」を復活させてはどうかと提案した。

　彼の電子メールは、ゴードレージ・アーカイブズがその発足から5年を経た後に、ようやく経営陣の「歴史」を見る心の琴線に触れることに成功したと確信させるものであった。「未来に向けたガイド」としてのアーカイブズの価値が、ゴードレージの企業文化の中にゆっくりと根を張りつつあることが再確認されたのである。これが達成できたのは、単純な「コミュニケーション」のプロセスを通じてであった。私たちは、経営陣の注意を、私たちが何をしているのかということより、アーカイブズの仕事をなぜ行うのかということに向けたのである。

　ビジネス・アーカイブズの価値を実現し確実なものにするためのプロセスは、経営陣とアーカイブズがコミュニケーションを行うための共通の地平を見つけるために共に取り組むべき、双方向的なプロセスなのだということを、私たちの経験は示している。経営陣とアーカイブズの双方が、その関係において重要な貢献を行い、高められた価値を生み出すのである。アーカイブズの価値を、企業活動にとって不可欠なものだとビジネスコミュニティーに認識させるためには、「アーキビストたちはより『積極的（プロアクティブ）』になり、彼らが働く企業内で『価値の付加』を目指す方向に向かわねばならない」[2]。次に私たちがゴードレージグループにおいてこれをいかに実現したかを見よう。

第三部　アーカイブズを武器に変化に立ちかう

3. アーカイブズの内在的価値を構築する

　記録提供者の信頼を獲得するには、しっかりと制度化されたアーカイブズが前提として必要となる。ここでいう記録提供者たちとは、ゴードレージグループのさまざまな事業部門のことである。そのため、最初に取り組んだ作業は、必要なインフラストラクチャーの整備、コレクションの構築、作業プロセスの構築、手続きの簡素化、レコードグループ（同一出所の記録群）を一定の形式に整えるための(会社の)組織構造の調査といったことであった。しかし、会社の組織の中でアーカイブズが秘密めいた存在にとどまるかぎり、コレクションの構築といった作業の全てが不毛に終わるだろうと私たちが気付くにはさしたる時間を要さなかった。かくして、アーカイブズを会社の組織構造内に組み込むことで、関係を形成することが必要と判断されたのである。

　ここで、アーカイブズが社内で機能するために、適切な報告提出関係（つまり指揮系統）が決定的に重要であることを指摘したい。アーカイブズは、その責務を果たすために独立性・客観性・組織上の地位といったものを必要とするが、それを確保するにあたってこの報告提出関係が重要となる。ゴードレージグループにおいてアーカイブズは、グループ親会社であるゴードレージ＆ボイス製作所の人材開発部内の独立部署の地位を与えられている。この組織にアーカイブズを組み込むことで、社内のさまざまな部署や部門から記録を収集する際に必要な仕組みが準備されたのである。これによって、日々の運営管理のために必要なインフラストラクチャーを手にすることも容易となった。

　アーキビストは、管理上のインターフェイスとサポートに関しては専務取締役へ、戦略的な方向性と説明責任に関してはアーカイブズ委員会[3]への報告責任を負う。他方で、アーカイブズの整理と手順については、アーキビストは独自の判断を任されてい

る。こうした仕組みは、アーカイブズの持続可能性を高めるものと言える。このような企業組織内でのアーカイブズの最初の位置付けは、情報へのアクセスを保証するだけでなく、経営陣とのコミュニケーションをあらゆるレベルで容易にしている。

3.1. ビジネスコミュニティーのなかでアーカイブズの価値を向上させる

次なる難問は、会社にとってのアーカイブズの価値を、歴史的側面においてだけでなく、経営面においても向上させるというものであった。実業家たちにとって、記録保管業務の優先順位は低い。さらに、新しい技術の導入、組織構造の変化、社の方針の変化などが、過去の記録を適切に保存する業務に影響を与えてきた。

【図1】 ゴードレージ・アーカイブズの内部1

そこで、記録を資産として守るための記録保管業務の実務やプロセスやシステムに枠組みを与える、アーカイブ・ポリシーの導入が決定された。そうしたポリシーの存在によって、記録保管業務の文化が育てられるだけでなく、現在の記録の継続的な全体性とアクセシビリティーを保証する風潮が生み出されると考えられた。その結果として、アーカイブズへ確実に記録が提供され続け

第三部　アーカイブズを武器に変化に立ち向かう

ることになると期待されたのである。このポリシーはまた、何が収集されるべきなのかという非常に重要な問題について、コレクションの性質と範囲を規定するものでもあった。こうした指針がなければ、アーカイブズは対象範囲外の記録をためこみ、人的・空間的・予算的に巨大な重荷となってしまう可能性があるからである。

　この活動では、会社の機能分析から始めた。そこでは、ゴードレージグループの組織構造と活動を調査した。また、会社にとって画期的な節目となった業績についての理解を深めるために、歴史的な分析も行われた。節目となった業績の関係記録の同定にまず集中したことは、記録調査の効率化に役立った。ただ、ゴードレージグループは、個別の10の会社と海外の組織から構成されているため、調査結果は作業を簡単にしたのではなくむしろ困難にした。しかも、私たちは100年以上にわたる歴史に取り組まなければならなかったのである。

　グループとその活動の大変な広がりを考慮して、私たちは親会社であるゴードレージ＆ボイス製作所にまず専念することにした。しかし当然ながら、ゴードレージ＆ボイス製作所の内部にもさまざまな部門があった。錠前、防犯設備、インテリア、ツール・ルーム、タイプライター、電化製品、資材運搬機器（MHE）、精密工学システム、精密部品システム、プロセス産業用装置、電気・電子機器、倉庫管理、人事・経営、小売りなどの各部門である。

　それぞれの事業部門における記録の性質と範囲を把握するために、入手可能な資料に関する予備的調査が行なわれた。まず、全ての部門の責任者宛てに、文書・旧製品・カタログその他の重要な記録について、どのような種類のものを持っているかを調査するため質問票を送った。この一次調査によって、私たちは膨大なジャンルの記録に取り組まなければならないことがはっきりとした。

　そのため、まず一つの部門に集中して作業を行うこととし、そ

の部門の非現用記録をアーカイブズに移管するためのプログラムを設計することとした。これは、他部門における作業のひな型を提供するものと期待された。全ての部門の中で最も新しく、ほとんどの記録が入手可能であろうと考えられた、精密部品システム部門が調査対象として選ばれた。

この調査を通じて、精密部品システム部門の文書管理システムの評価が試みられた。この作業をモデルとすることで、ゴードレージグループのさまざまな部門で行われている文書管理プロセスについてどうなっているのか把握して、既存システムの長所と短所を明らかにし得ると考えたのである。得られた知見は、歴史的に重要な記録をアーカイブズに移管するためのプロセスを設計するにあたって利用されることとされた。

アーカイブズチームは、事業活動を理解するだけでなく、アーカイブズ的価値のある資料を特定すべく、部門責任者たちとの交流を図った。密接な交流は互いの信頼関係を構築することに寄与し、機密記録にもアクセスが許されることとなった。一方で、近い関係が築けたことで、記録が企業にとって非常に重要な企業資産であるということを、部門や事業の責任者に認識してもらいやすくなった。さらに、記録を効率的に保管しそれを迅速に取り出すことが確実にできるようになるという、アーカイブズが存在することの実務的な便益についても認識が高められた。その一つの結果として、1970年代末から今日に至るまでの、航空宇宙産業の製造プロセスと技術に関係する、700以上のファイルがアーカイブズに移管された。これは、記録が歴史的な価値を持つには、40、50年以上は古くなくてはならないというような思い込みを覆すことに役立った。かくして、ゴードレージ・アーカイブズは、重要な記録が見落とされるリスクを回避できるよう、現用記録・半現用記録をも保管する記録管理室の役割も担うことになった。こうした記録の場合には、機密記録に関するポリシー・ガイドラインが適用され、事業所が指定した期日が来るまでは非公開

とされている。また、事業責任者が集まって毎週金曜日に開かれる製造部門協議会の議事録のような記録は、オンラインで即座にアーキビストに送られることになっている。機微に触れる記録も安心してアーカイブズに引き渡されている事実にも、社内におけるアーカイブズの価値は表れている。

4. アーカイブズの価値のさらなる向上

ビジネスにおいてアーカイブズが不可欠であると主張するには、記録それ自体に価値があるというだけでは不十分である。「企業の記憶を保存しようとするビジネス・アーキビストと、そうした記憶の解釈をなりわいとする経営史研究者たちは、会社の現在の存在と業務にとっての社内アーカイブズの有用性を明らかにすることに共に関心を寄せる」[4]。アーキビストにはゆっくりくつろぐ暇など無いということである。どのような企業におけるアーカイブズも、その持続可能性を確保することなしには、事務所の屋根裏部屋の物置のような存在に転落してしまう可能性がある。そのため、生命を持たない記録に命を吹きこむことは、全てのアーキビストにとって重要なことなのである。これを実現するべく、ゴードレージ・アーカイブズでは、活動促進のための手段がいくつか採用されている。

4.1. つながりの維持

まず、過去をアーカイブ化することについての従業員の意識を高めることが重要だと思われた。そこで、全ての事業部門とその責任者を対象として、2007年より一連のプレゼンテーションを行った。アーカイブズチームはまた、アーカイブズに関する認識を普及させるために多くの支店を訪問した。こうしたプレゼンテーション活動の目的は、現在の企業活動を支えるために歴史と

いうものがいかに重要な資源として活用できるかということや、経営管理にアーカイブズをどのように役立てることができるかといったことについて、社の人々に伝えることであった。プレゼンテーションは、アーカイブズがその活動について発信することだけでなく、コレクションの規模を拡大することにも役立った。（プレゼンテーションの）聴衆である従業員たちが、ゴードレージの歴史に関係する手元にあった資料を、アーカイブズに寄贈することを申し出てくれたのである。

4.2. 存在感を示し続ける

　ゴードレージ・アーカイブズにとって、自らの存在感を示すことは非常に重要である。マネジャーたちは、ビジネス上のより良い未来を確実にすることに専念するあまり、過去を見過ごす傾向が有るからである。そこで、ゴードレージ・アーカイブズは、「目につく」存在であり続けるために、さまざまなコミュニケーションの回路を切り開いた。そのうちのいくつかを以下に紹介する。

4.2.1. オンライン上の可視性

　この情報化時代に「オフライン」でいられるアーカイブズは存在しない。ウェブサイトや企業内イントラネットは、人々とつながりを作り、関わりを続け、効果的なコミュニケーションを行うための技術的なインターフェイスを、アーカイブズに与える。すでに設立の初年に、アーカイブズについて従業員に学習してもらうためのサイトが、ゴードレージグループのイントラネット上に開設された。2007年9月には、インターネット上のゴードレージグループのウェブサイトのサブドメインとして、ゴードレージ・アーカイブズのサイト（http://www.archives.godrej.com）が開設された。

　ゴードレージの歴史を伝えるインタラクティブな年表や「今月の資料」特集といったページのおかげで、サイトは多くの閲覧者

第三部　アーカイブズを武器に変化に立ち向かう

の訪問を得ている。イントラネット上のサイトには、従業員に社の最近の展開を知らせるため、「道標」というリンクが追加されている。ここでは、事業部門ごとに別個のタブが用意されており、最近の業績についての情報が6カ月ごとに更新されるようになっている。「保管庫より」と題されたページでは、私たちが収集した興味深いコレクションの紹介と、そのコレクションの背景にある物語を見せることを狙いとしている。閲覧者の興味を絶え間なく引くように、ウェブサイトは定期的に更新されている。

しかし、どれほどウェブサイトに存在感があったとしても、それだけで社員たちの参加が保証されるわけではない。そのため、参加がさらに拡大するよう、アーカイブズは常に努力を怠ってはならないのである。アーカイブズが導入した取り組みのうち、ウェブサイトを利用して従業員たちと即時的につながりを作ることに役立ったものには、「アーキビストになろう」「寄贈促進活動」などがあった。寄贈促進活動は2010年のうちに2度にわたって行い、ゴードレージの歴史に関係する資料を寄贈してくれるよう社員に協力を求めた。「アーキビストになろう」ページは、私たちのコレクションにある写真がどのようなものか特定する作業において、社員の協力を求めるものである。社員からの熱心な反応があり、コレクションの同定作業に貢献がなされた。ただし、ゴードレージ・アーカイブズにおける私たちの観察から明らかとなったのは、こうしたイニシアチブを成功させるためには社員個々人に対するフォローアップが必要だということであった。

こうした常設ページとは別に、アーカイブズは不定期的に過去についての記事を掲載している。例えば、2011年3月8日の国際婦人デーには、デリー支店における最初の女性社員についての記事がサイトの掲示板に掲載された。これには社員の間から自然発生的に反応がおこり、それぞれの支店におけるより早い時期の女性社員に関する情報を皆に提供する人も出てきた。こうした直接的な反応とは別に、これらの断片的な過去の情報は、社員たち

第10章　企業という設定のなかで歴史を紡ぐ

にそれぞれの事務所における古い記録について思い起こさせるという効果も時として与えた。その結果、私たちは三つの事業部門から、所有する古い記録に関する電子メールを受け取った。

4.2.2. 社内報を通じた可視性の向上

アーカイブズがインド中のゴードレージの社員とコミュニケーションをとるにあたって、いま一つの貴重で効果的な手段に社内報がある。「社員たちの」物語を語る社内報の記事には、アーカイブズ資料が活用されるのである。製造、販売、デザイン、先見的リーダーシップなどといった社内報各号ごとのテーマに関して歴史的側面が探究されている。

4.3. 定期的な展示会による記録の可視化：歴史記録はどこで展示され見ることができるのか？

最初の4年間は、アーカイブズではコレクションの構築に集中しており、ウェブサイトと社内報とプレゼンテーション以外には会社のコミュニティーにつながる手段を持たなかった。しかし、ゴードレージの歴史に関するプレゼンテーションで提示した、オリジナルの文書や広告や製品を、人々が見たがっていることが間もなく明らかになった。このことは、新入社員との双方向的な研修会を行うたびに、私たちが受け取ったフィードバックに顕著に表れていた。そこで、アーカイブズは2010年に、ゴードレージの113年目の年が幕を閉じるのに合わせて、社員向けに記録展示を行うことにした。

展示会には三つの目的が設定された。

1. アーカイブズとアーカイブズ資料のコレクションを社員に紹介し、慣れ親しんでもらうこと。
2. ゴードレージグループの年代順の歴史を物語るというよりは、グループの歴史を示すアーカイブズ所蔵の重要な文書に

第三部　アーカイブズを武器に変化に立ち向かう

訪問者の関心を向けること。
3. アーカイブズとそのコレクションに対する反応や、社に対して訪問者が抱く感情を評価するために、有用なモデルとなる展示会にすること。

　アーカイブズの敷地の狭さという制約があり、展示会の規模はごく小さなものにとどまったものの、「113周年を祝う：記念展示会」が計画された。1909年のばね無し錠前への初の特許証、アルデシール・ゴードレージによる金庫の製造法についての自筆の覚書、社の1932年の基本約款、初のインド産タイプライター発売に関する1955年の新聞特別付録、その他さまざまな文書が選び出され、アーカイブズの会議室内に展示された。

　展示会への招待は、事業責任者と社員全てに送られた。招待状には、ゴードレージが錠前の生産を開始したのが1897年5月7日であったことについて記されており、これがすぐさま人々の興味をかきたてた。それまで5月7日が記念日として祝われたことはなかったからである。かくして、比較的小さめのこの企画に、大きな意味が与えられることになった。

　招待状には、ラールバーグの旧工場の写真がプリントされたしおりが付けられており、これが社内の人々に大受けし、ゴードレージの会長をして展示会に足を運ばせることになった。宣伝活動は意図的に控えめに抑えられており、アーカイブズの活動についての社内の認識も低かったにもかかわらず、結果はまずまず良好なものであった。150人の訪問者のうち、多くが25～35歳の年齢層の人々だったことも驚きであった。また、私たちはこの経験から、アーカイブズが組織の中で歴史を売り歩くにあたっても、「プッシュ」戦略より有効なものは無いということに気付かされた。そこで、リマインダーや個人宛てメールの嵐が絶え間なく送信されたのである。このことが、人々を展示会に呼び寄せるのに大きく貢献した。

第 10 章　企業という設定のなかで歴史を紡ぐ

　ここで、過去の遺産の活用についてマネジャーたちが考えるにあたって、展示会がいかに有用かを示す興味深い出来事を紹介したい。アーカイブズを訪れたゴードレージ・インテリオ（インテリア生産部門）の営業担当の上級管理職者は、ゴードレージに関する 1955 年の新聞特別付録に特に関心を示した。この新聞付録にはわが社の幅広い製品の広告が掲載されており、中でも彼の注意を引いたのは病院向け備品の広告であった。わが社が 1955 年に病院向け備品のビジネスに従事していたという事実が彼を驚かせたのである。私は驚きを隠さない彼に、わが社はこのビジネスにしばらくの間参入した後に撤退したことを説明し、アーカイブズが所蔵する病院向け備品のカタログを見せた。ゴードレージグループは、病院向け備品の市場に再参入するところであったため、社への信頼を獲得するためにこれら古い広告が有用なのではないかと彼は考えたのである。

　この出来事は、記録の持つ商業上の価値を証明する機会をこうした展示が提供できる、ということに対するアーカイブズの理解に間違いなく役立った。さらに、従業員のアーカイブズに対する関心も増した。この後に続いて行われた展示会は、組織内におけるアーカイブズの認知度を高めることに貢献することとなった。

4.4. 連続講演会：コミュニティーの意識を向上させる

　ビジネス・アーカイブズとその学問的な結果である経営史の発展の関係という問題は、避けて通ることはできない。そのため、ゴードレージ・アーカイブズが開設されて幾月もたたないうちに、年次の連続講演会が開始された。これによって、経営史の研究を振興し、技術史や製造業の歴史のような新しい研究領域を、研究者やビジネスマンに紹介することが目標とされた。

　この連続講演会には、ダグラス・ヘインズ教授、ドウィジェーンドラ・トリパティー教授、アミヤ・バグチ博士、ロス・バセッ

ト博士、リトゥ・ビルラー博士をはじめとする、著名な歴史研究者たちが参加した。ゴードレージ・アーカイブズは、好意的な反応を得て、さらに広範な聴衆を獲得し、学者、歴史研究者、ジャーナリスト、そしてビジネス界の人々とのネットワーク作りに乗り出している。

　こうしたさまざまな企画は、ゴードレージ・アーカイブズがグループ内外のビジネスコミュニティーと研究者の世界を架橋することを促進し続けている。過去5年にわたって、アーカイブズは信用に支えられた環境において成長してきた。ただし、アーカイブズの価値は「あること自体が良い」というような観点だけに限定されるべきではない。単なる懐古的な価値にとどまるのではなく、記録の業務上の価値がより強調されなければならない。このことを念頭に置いて、日常的業務にとってアーカイブズが有用であると企業に認識してもらうための取り組みを、アーカイブズは行っている。

4.5. 過去を公開する

　ビジネス・アーカイブズは、企業組織において情報のプロバイダーの役割を期待されている。しかし、アーカイブズの持続性という観点からは、学術目的の調査に対する記録の開示に企業側が積極的であることもまた非常に重要である。これはアーカイブズが学問の世界とのつながりを構築するのに役立つのである。そのつながりが、これまで経営史研究への学際的なアプローチを模索する機会をアーカイブズに与えてきた。

　ゴードレージ・アーカイブズ所蔵の記録は、正規の研究者であれば閲覧することができる。2006年以来、ゴードレージの歴史に関心を寄せる、インド内外からの研究者やメディア関係者が、ゴードレージ・アーカイブズに閲覧に訪れている。米ダートマス大学のダグラス・ヘインズ教授は、石鹸の広告コレクションの閲

覧に訪れ、「西インドにおける消費と資本主義―ボンベイ管区における日用品の購買と使用、1880〜1940年」という著作の主要な資料の一つとして利用している。ウォリック大学のデイビッド・アーノルド教授は、ゴードレージ製タイプライターに関係する記録を閲覧し、日用的な技術に関する近刊書のための調査を行った。マサチューセッツ工科大学（MIT）で学んだインド人のデータベースを作成するプロジェクトのためにユニークな照会を行ったのは、米ノースカロライナ州立大学のロス・バセット博士である。彼は、ゴードレージに長年にわたって勤務した、MITスローン・フェローの、K・R・ハーティー博士についての情報に特に関心を持っていた。幸いにもゴードレージ・アーカイブズは、ハーティー博士の回想録を生前に記録していたのであった。パリからの研究者ジャンハビ・ナンダン氏は、インドの内装の起源を追っており、ゴードレージがその様式に与えた影響に関心を持っていた。その他にも、主要各紙のジャーナリストやパールシー[5]の家族に関する著書を執筆している作家たちが閲覧に訪れている。

5. 情報機関としてのアーカイブズ

歴史というものは明らかに、現在の企業活動を支えるための重要な資源となり得る。アーカイブズが将来にわたって古びないためには、企業が自らの歴史を固有の資産とし、知識・情報センターとしてのアーカイブズの役割を認めていなければならない。業務記録に収められている情報は、さまざまな目的のために適切に活用することができる。例えば、コーポレートコミュニケーションや従業員エンゲージメントの部署による広報活動の支援、あるいはブランドや製品の歴史の執筆といったことのほか、事業開発のための革新的アイデア、展示や広告、プレゼンテーション、法律上の証拠といったものを準備する際にも役に立つ。しかしながら、経営上の意思決定を助ける有用な資源であるアーカイブズの重要

性は、ビジネスの世界において看過されがちである。ここで、利用者がアーカイブズを活用するさまざまなやり方について紹介しておこう。

5.1. 現在の記録

ゴードレージ・アーカイブズは、過去の保存に取り組む一方で、現在についても記録を行う仕組みを発達させてきた。各事業部門からは毎月の成果をまとめた情報を収集している。年度ごとの社の活動に関する情報が入手できるよう、全ての部署についてどこまで進んでいるかの里程標が準備される。内部的なコーポレートコミュニケーションにおいては、これらの情報は画像などと共に、事業所や社員たちによる社内向けのプロジェクトのプレゼンテーションやウェブサイトに活用されている。創業者の経歴、グループ内各社の概要、広告、ロゴのデザイン、歴代オーナーの講演や肖像、製品、工業都市の計画などが、非常によく照会されるものである。例えば、リーダー養成講座の開発のために創業者に関する問い合わせがあったり、研究開発用のプレゼンテーションのためにさまざまな冷蔵庫の形式に関する情報が求められたりする。また、社の記念祝典が開かれる際には歴史を振り返ることになるため、アーカイブズに協力が求められることがよくある。業務記録は法的な証拠としても有用であることが多く、特許や商標、土地関係、設立の年などのような一般的な質問をよく受けている。

さらに、工場の開設はもちろんのこと、閉鎖の際にも記録作成においてアーカイブズの助力が求められる。ゴードレージ・アーカイブズは、プネーに近いシルワールにあったタイプライター生産工場が2009年に閉鎖された際、この閉鎖を記録することを依頼された。ゴードレージグループは、タイプライターの生産から撤退した最後の製造業者であり、実のところその記録は非常に重要であった。ゴードレージ・アーカイブズチームは、工場の写真

記録の作成に加えて、工場に 20 〜 25 年にわたって勤務した人々の回想も記録した。1950 年代後半にまでさかのぼる図面や、売り上げ報告、輸出データなどといった工場記録は、アーカイブズに移管された。

　同じ年に、閉鎖した直後のマレーシア工場から記録を回収する依頼も受け取った。生産証明書、「パイオニア」証明書、家具や金庫などさまざまな製品について発行された製造許可書、関連通信文書、理事会決議、マレーシア工場の閉鎖に関するプレゼンテーションや論議、2009 年 3 月 9 日付のゴードレージ・マレーシアの社員名簿と海外顧客リスト、これらの文書がゴードレージ・アーカイブズに送られた。また、建造物関係のファイルも移管されている。

　アーカイブ化の作業は工場閉鎖の際に行われるだけではない。アーカイブズチームは、最近バグワーンプル（インド、ウッタラーンチャル州[6]）に移転した、ゴードレージ・インテリオの椅子工場の開所

【図2】ゴードレージ・アーカイブズの内部 2

記録をとるよう依頼された。10 年も経てば人々の記憶が薄れ記録管理も不十分となる危険性があるため、この出来事は工場が開設されるまさにその時点で記録される必要があると考えられたのである。記録作成は、ズルワーン・マローリア氏との面接による、オーラルヒストリーを採ることから始まった。氏は、ゴードレージ・インテリオのプロジェクト責任者であり、計画段階からプロジェクトに関与していた。彼とのやりとりから、私たちはバグワーンプル工場の開設の背景にあった、思考プロセスについて理解を深めることができた。プロジェクトの計画段階で行われたプレゼンテーションはアーカイブズに共有された。現用記録につ

第三部　アーカイブズを武器に変化に立ち向かう

いては引き渡しが不可能であったため、覚書や土地関連文書などがスキャンされ私たちに送られた。これらのデータがアーカイブズに置かれても安全だという信頼が形成されていたのである。

　イノベーションや新技術の導入とは、新旧の知識システムが合流することを意味する。これに意識的であったゴードレージ・ロックス（錠前部門）は、自らの研究開発チームの研修センターを兼ねた錠前博物館の設立計画、というユニークな依頼をアーカイブズに持ち掛けてきた。その数 1,500 に上る彼らの錠前コレクションは、イノベーションのひらめきを得ようと研究開発チームによって頻繁に参照されていたのである。2010 年にアーカイブズは、彼らの研究開発室に保管されていたさまざまな錠前の分類・記録を開始し、2011 年には博物館の構想の具体化が始まる。

　企業が、自らの歴史と遺産を残すべく、後世に向けた記録の保存に深く関与する姿勢は好ましいものといえる。

5.2. アーカイブズを人材開発のツールとして活用する：新人のうちにつかまえる

　「ますます多くの人々が企業を渡り歩いている。彼らは貴重なスキルは持って行くが、その一方で、継続と伝統の感覚や、自分の働く企業のインフォーマルな知識といった、会社を一つに結び付けるものが失われている。その企業がどのようなもので、どのような来歴を持ち、どこに向かっているのか、ということに関する深い理解を浸透させるために、ビジネス・アーカイブズは非常に有用なのである」[7]

　わが社の人材開発部は、社の歴史とこれまでの成功、そして価値観と理念について新入社員に教えるにあたって、アーカイブズが有用だということに早い段階から気付いていた。入社時の説明の際にアーカイブズに関する研修会が組み込まれ、2007 年以降は新入社員向けの「あなたの会社を知ろう」と題されたプログラムの一部とされた。これらの研修会の目的は、社の過去との継続

性の感覚や受け継ぐべき遺産についての知識、さらにはこれから属することになる企業の暗黙知を新入社員に身に付けさせることにある。アーカイブズにとってこれらの研修会は、組織的知を保存するというアーカイブズの役割や会社の過去についての好奇心を、新入社員の間に引き起こすために役立つものとなっている。

アーカイブズチームはこれらの研修会において、社の歴史についてだけでなく、歴史記録の価値や、歴史を再構築しそれを考察することが将来をより良く考える助けになるといったことについて、新入社員たちと意見を交わしている。

5.3. 過去の社員の経験の保存

以前社に属していた人々の経験もまた、将来の経営者たちがひらめきを得たり何かを学んだりするために有用な、巨大な知識ベースを構成するにあたって活用できる。組織の成功に大きく貢献した人々、そのための思考プロセスを実際に開始した人々を見過ごしてしまうなら、どのような組織の歴史も不完全にとどまる。企業はいつでも、その社員や顧客や株主、そしてその企業が活動を行うコミュニティーに影響を与えるものである。ゴードレージ・アーカイブズもまた、数十年にわたって社と関係を持ってきた人々に対するオーラルヒストリー・インタビューというかたちで、「ゴードレージ」の歴史のための新しい資料を生み出している。インタビューでは、インタビュー相手の経歴、ゴードレージと共に過ごした年月、仕事の詳細、社内における人間関係、ゴードレージ家との関係などについて記録を取っている。ゴードレージ・アーカイブズは、社における経験がこれらの人々の人生に、どのような影響と変化を与えたのかを記録するのである。こうした人々は長年にわたって社を見てきており、インタビューは長期にわたる企業の発展の様子を理解する助けとなる。また、語られた記録は、研究者たちにとって、文書のかたちでは記録されなかった事実に

ついて空白を埋める役に立つ。インタビューを受けてくれた人々が私蔵する記録を私たちと共有してくれる場合もある。

5.4.「企業のイメージを売る」：歴史によるブランディング

　以下では、歴史によるブランディングを行う際に、アーカイブズが利用された例を示す。

　ゴードレージグループの商業地区の第 11 工場 1 階にはショールームが設置されている。ここでは、それぞれの展示において全ての製品の範囲を表す歴史的年表を提示しており、非常に繊細なやり方で過去と現在を交差させている。このショールームは通常の営業時間に、顧客と訪問者に対して開かれている。

　2010 年には、ムンバイ市の有名なカーラー・ゴーダー美術祭に、ゴードレージ・インテリオが出品することを決めた。不朽の「ムンバイの精神」を讃えるべく、ムンバイ市のインド門のレプリカを、ゴードレージ・インテリオ製家具を使って製作するという企画である。つまり、インド門とゴードレージ製アルミーラー[8]という、ムンバイ市の不朽の遺産の中でも最も心を動かす二つのシンボルを、このレプリカで一つにしようというのである。著名なデザイナーであるクリシュナ・メーヘターによって、25 フィート（7.62m）の高さを持つ芸術的なインド門のインスタレーションが製作された。この「インド門」は、ゴードレージ・インテリオ製品を使って作られ、中でも 40 に及ぶストーウェル[9]が用いられた。クリシュナ・メーヘターは、美術祭でこのように語っている。「ボンベイがくぐり抜けた過去 1 年の経験の後[10]において、ムンバイの遺産と精神を表現する何かを作るというアイデアは、私たちにとても自然に浮かびました。そのために、ムンバイの最も象徴的な建造物である『インド門』と、ムンバイの全ての家庭で使われてきた『ゴードレージ・インテリオのストーウェル』を組み合わせることは、完璧なやり方だと思われたのです」。この

第 10 章　企業という設定のなかで歴史を紡ぐ

ような誉れあるイベントの準備にあたって、ゴードレージ・インテリオのチームは、ストーウェルの歴史の断片をつなげるために、アーカイブズの助けを求めた。インスタレーションに用いられた棚には、関連する物語と共に古いカタログや広告の図像が焼き付けられたのである。

　美術祭の 2 年前の 2008 年に、新たなブランドアイデンティティーの立ち上げに伴って遊歩道が造られた際にも、過去の写真や広告が用いられた。輝かしい未来を築くべく前進するにあたって、「ゴードレージの歴史」はわが社の大きな強みであり、社を他から差別化するものだと考えられたのである。

　「歴史は大きな強みであり真の差別化要因である」という考え方は、ゴードレージの将来のオフィス構想「SPACE」のプロトタイプにおいても観察できる。この構想で目標とされているのは、若々しく明るい職場環境を作ることである。「若々しく明るい」といった言葉は、通常は歴史と関連付けられることはない。このプロジェクトに従事する若き建築家ダルシャン・ガンジーがアーカイブズを訪れたとき、私たちは多少当惑して来館の目的を尋ねた。彼女の説明は次のようなものであった。「私たちは、歴史との関連性を保ち続けたいのです。現在あるいは将来において、私たちがどのような仕事をしていても、自分たちが提供するものや行っていることのルーツとつながっているためです。私たちの仕事場を訪れる人々に、そのできるだけ多くに、私たちの DNA を感じ取ってもらいたいと思います。ここにあるような重要な資料は、単なる書類として扱うにとどめるべきではなく、今日の私たちが何者であり将来どのようになりたいと欲するのかを示すために実際に活用されるべきです。そのために私たちは接点を多く生み出したいと考えています」

　彼女の言葉は、生物にとっての DNA と同じように、歴史が企業にとって重要だということを十分に語り尽くしている。

第三部　アーカイブズを武器に変化に立ち向かう

6. おわりに

　以上のように、ゴードレージ・アーカイブズの設立の経験から、組織におけるアーカイブズの位置付けを明らかにした。また、資料提供者の信頼を獲得するためには、確立した記録管理プログラムの存在が前提となることも明らかとなった。ゴードレージ・アーカイブズの場合、資料提供者は主に（会社の）組織であり、その信頼を獲得することは、アーカイブズの価値を確立することにもつながった。ゴードレージ・アーカイブズの経験から、アーカイブズと企業の関係の成否が、既存の関係における境界を越境するための、両者の能力にかかっていることも明らかになった。アーキビストは誰かが見つけてくれるまで静かに待っているのではなく、企業のさまざまな役職の人々と積極的に関係を結ぶ必要がある。他方で、企業の側は、自社の製品や事業を守り抜くために、アーカイブズを独創的に活用することを学ばねばならない。

　またアーカイブズは、組織に対するサービス提供という従来の役割にとどまるのではなくその先を目指すべきであり、組織外部のコミュニティーと関係を構築する努力を行うべきである。企業の歴史は、インドにおける経営についての物語でもあり、従ってそれは国民に対する企業遺産とも見なされる。ゴードレージ・アーカイブズにおいて私たちは、ビジネス界や知識人との関係を強化することを通じて、アーカイブズのこの潜在的価値を模索している。

第 10 章　企業という設定のなかで歴史を紡ぐ

[注]
1) Centenary Year (1997) Archives File, 1995-1996, File No. OFF/ARCH1, Godrej Archives.
2) McDowall, Duncan. "Wonderful things': History, business, and archives look to the future". *American Archivist*. 1993, vol. 56, no. 2.
3) アーカイブズ委員会は、ゴードレージ家、人材開発部、建設事業課、人事管理課、コーポレート・コミュニケーション・チームの代表によって構成される顧問機関である。
4) Smith, George David. "From dusting off the cobwebs: Turning the business archives into a managerial tool". *American Archivist*. 1982, vol. 45, no. 3, p. 288.
5) [訳注] イラン起源のゾロアスター教徒で南アジアに移り住んだとされる人々。ゴードレージ家もパールシーの家系。
6) 現在のウッタラーカンド州。
7) Smith, George David; Steadman, Laurence E. "Present value of corporate history". *Harvard Business Review*. 1981, vol. 59, no. 6, p. 164-173.
8) [訳注] 戸棚。
9) [訳注] ゴードレージ・インテリオの有名な商品。鋼鉄製のアルミーラー。
10) [訳注] 2008 年 11 月 26 日にムンバイ市で発生した同時多発襲撃事件後の 1 年余りを指すものと思われる。

Photographs：Godrej Archives

第 11 章

合併の波の後

変化への対応とインテーザ・サンパオログループ・アーカイブズの設立

第三部　アーカイブズを武器に変化に立ち向かう

フランチェスカ・ピノ

矢野　正隆 訳

第三部　アーカイブズを武器に変化に立ち向かう

フランチェスカ・ピノ

Francesca Pino

インテーザ・サンパオロ銀行グループ・アーカイブズディレクター

　フランチェスカ・ピノは歴史家でありアーキビストである。彼女はインテーザ・サンパオログループ・アーカイブズのディレクターである。2002 年〜 2009 年までミラノ大学でアーカイブズ学を教えた。ヨーロッパ銀行金融史協会ならびに国際アーカイブズ評議会企業労働アーカイブズ部会に貢献している。彼女は何冊かのアーカイブズ・ガイド、記録編纂、歴史エッセイの著者である。

インテーザ・サンパオロ銀行（イタリア）

インテーザ・サンパオロ（トリノ）

　インテーザ・サンパオロ銀行は、イタリアにおける国内金融のリーダーであるとともに、世界中に子会社、支店、代理店を持つ。東京における直営支店は 1972 年に設立された。インテーザ・サンパオロ銀行グループは最近インターネット上で同社の歴史地図を公開した。この地図には、商業銀行、貯蓄銀行、公認信用機関、地域的地方的銀行など種々のタイプの 250 を超える前身銀行が含まれる。グループ内最古の創立は 1539 年にさかのぼり、ナポリ銀行は発券銀行としても活動した。

第 11 章 合併の波の後

グループ・アーカイブズ（ミラノ）

　歴史アーカイブズは、イタリア商業銀行の記録コレクションのためのミラノ事務所としてスタートした。このコレクションは国際金融、信用、そして文化振興（1894 年以来）に関連している。今日、四つの銀行の記録文化遺産が直接管理されているのに加え、17 の歴史アーカイブズがイタリア各所に散在している。グループ・アーカイブズは歴史情報サービスの調整と記録文化遺産の全般的保護を担当している。アーカイブズは学術的なレファレンス（閲覧室の利用者数は年間 100 人以上）と銀行グループ内外からの問い合わせのために頻繁に利用されている。

インテーザ・サンパオロ グループ・アーカイブズの外観

合併の波の後 ―変化への対応とインテーザ・サンパオロ グループ・アーカイブズの設立―

フランチェスカ・ピノ

はじめに

　変化は、世界と人間の生活に注ぎ込まれてきた。そして世界経済における相互作用の波は、企業活動のあり方を左右してきた。また、われわれの行動様式は、情報・通信技術によって一変し、それとともに、過去との継続感もすっかり失われてしまった。

　金融界において、いわゆる「合併熱」とは、巨大銀行の設立を意味した。規模が大きくなれば、商品やサービスは単純化され、特殊な業務には関わらないようになり（大口の金融業務に特化したホールセールバンクのように）、また、社会との関係はより疎遠になる。これは、貯蓄銀行、貯蓄貸付組合あるいは人民銀行のような伝統的な小規模銀行が、それぞれの領域において「定着」していたのと好対照をなす。

　新しく設立されたグループは、地方・国家・世界といった各レベルの共同体の行く末にとって、非常に重要な役割を担っている。未来への課題に取り組むこの場所で、歴史的なルーツを優先的に考える者は滅多にいないであろう。というより、膨大な数に上る既存の信用機関が過去にどういう変遷をたどってきたかについては、詳しく知ることができない状態である。

　従って、インテーザ・サンパオログループ・アーカイブズの主要な課題の一つは、この有形無形の豊富な遺産について人々の意識を高めることであり、今日の業務にも有効な、経営や銀行業務の過去における経験を例示することである。そのため、歴史アーカイブズはいわゆる「歴史的使命」として、率先して、記録の歴

史的・法的な価値を確認するとともに、現在進行中の企業活動の求めに応じてサービスを提供しなければならない[1]。

多くの重要な記録は収蔵庫やオフィスのキャビネットにあり、収蔵目録も無く、どこに何があるのか分からない状態である。そのため、適正な査定の方針を一刻も早く策定する必要がある。そうしなければ、アーカイブズはグループの権利を確実に守り、重要な記録を保存することはできないであろう。

社外でのコミュニケーションは、アーキビストにとっても大きな好機となった。以前に比べると、顧客をはじめとして人々は、歴史や記憶に対して大きな愛着を示すようになっている。口頭による証言や語りも、非常に好まれている。こうした面からも、グループ・アーカイブズの全体的な見通しは素晴らしいといえる。

その結果、日常業務は膨大で多岐にわたるものとなる。これからのグループ・アーキビストは、厳しい訓練を受け、多様な専門的な考え方を身に付けなければならない。そして、この仕事の二つの柱（管理業務、および調査やコミュニケーション）は、有機的に結合される必要がある。

そうすると、未来のグループ・アーキビストは、**学者**というよりは**経営者**ということになるのだろうか。もちろんそうである。しかし、専門の核になるのは、やはり記録の歴史的な価値を査定する能力である。そして、最終的な目的もやはり持続的なグループ・アーカイブズ機構を設立し、記録を遺産として後世に伝えること、つまり、記録の分かりやすさと記録へのアクセスを確保できるようにすることなのである。

1. インテーザ・サンパオロ銀行グループにおける合併への対応

インテーザ・サンパオロ銀行グループには、21の歴史アーカイブズが含まれており、国内のさまざまな地域に分散しているが、これらはそれぞれ異なるタイプの銀行によって設置されたも

第三部　アーカイブズを武器に変化に立ち向かう

ので、それぞれの地域で独自の歴史の証言者となっている。

　このうちの四つは直接経営であり、五つは文化財団に経営を委ね一般に公開している。それ以外のアーカイブズも、持続可能な方法で維持してゆかなければならない。

　これら全てのアーカイブズにおいて、特に20世紀後半の記録が膨大な量に上るため、その配置場所の確定と評価選別が急務になっている。グループのアーカイブズには、イタリアの法律により「歴史的な意義を持つ」機関として保護されているものも含まれているため、法の求めに対して忠実に応えられるようにしておかなければならない。

　世界中にいる、私たち専門職にとっては、さまざまな事例から学ぶことが肝要である。これは、成功した実践例や、あるいは大きな課題へのうまい解決策を取り入れるためということもあるが、それだけではない。思うに「現場からの経験談」は、アーカイブズ理論の発展という点においても大きな役割を果たすに違いない。

　私の話題の中心になるのは、特に大型の合併では、仕事それ自体の基本となる部分がすっかり変わってしまうということである。われわれは近年の経験を踏まえ、若い世代のアーキビストに対して、彼らが現在そして将来の必要に応えられるよう、訓練を施していかなければならない。

2. ビジネス・アーキビストという専門職のこれまでのプロフィール

　単一ブランド企業の歴史アーカイブズの場合、アーキビストの役割は、その企業の実務や、その存在価値に関わる事柄の管理、ということになるであろう。最高経営管理者は、自身が先行世代を継承していること、そして過去の努力やその成果からの恩恵にあずかっていることに対して自覚的で、感謝している。そこには、過去から現在を経て未来へと続く、世代を超えた連続性の感覚が

有る。また、社内全体においてブランドに対するプライドが共有され、企業の存在価値に関するコンセンサスも形成されている。

　従ってここでは歴史アーカイブズは正当に評価され、「企業の存在価値と業務」において、重要な部署とみなされている。職務記述書には次のようにある。
- 企業のニーズを満たすための経営的・法的な調査
- 記録の現状調査および内容調査
- 査定 ― 非常に困難な知的職務
- 編成と記述
- 非伝統的記録の管理
- 企業アーカイブズにおけるあらゆるライフサイクル規則の確定（現用の記録やボーンデジタルも含む）
- レファレンスサービス、アウトリーチ活動
- 対外コミュニケーション（これはメディア関係チームと微調整を行うという、いくぶん容易な仕事である）

　合併後は、職務記述書がまったく別のタイプのものとなるため、「単一ブランド」企業にいたアーキビストは、新しい課題にすぐには対応できないかもしれない。

3. グループ・アーカイブズの機能

グループ・アーカイブズにおける職務は多岐にわたる。

1) そこでは「複数の歴史」が対象となるため、特定の一銀行ばかりを特別扱いすることがないように気を付ける必要がある。さもないと不公平感を生ずるであろう。アーキビストは、まず歴史全般はもちろん、膨大な数の異なる企業の歴史にも通暁しておく必要がある。その上で、グループの歴史の長さや、地理的な広がり、また、信用機関や貯蓄機関の種類の多様性、これらに対応できる調査能力が求められる。

第三部　アーカイブズを武器に変化に立ち向かう

2) グループの指揮命令系統において、歴史アーカイブズの位置付けは明確ではなく安定したものでもないため、本社との関係は急に変化することがある。また、グループ本部の事務局や、対外コミュニケーション、内部コミュニケーション、訓練部局、あるいは物流、といった企業組織の各部局で、指揮命令系統はそれぞれ異なる。アーカイブズ機能の必要性に関する認識も、それぞれの部局で全く異なっているかもしれない。そして残念なことであるが、グループ外から入ってきた経営者の多くは、アーカイブズを優先的な企業活動であるとは認めていない。
3) アーカイブズの上級職員は、何十マイルもの書架を物的にそして知的にコントロールしなければならず、多大な労力がそこに費やされることになる。多くのアーカイブズを含むグループの文書遺産全体を見ると、管理の段階はばらばらである。きちんと整理されているものはごくわずかであって、その大半は、ほとんど整理されていないか、組織的に集められたことすらない。
4) 時間の配分は常に大きな問題になっている。それぞれの業務や事業の**規模**についても同じことが言える。規模というと、保存庫の収容量の問題があるが、もう一つ、写真セクションのような巨大な特別コレクションの存在は看過できない（インテーザ・サンパオログループ・アーカイブズでは50万もの写真の存在が確認されている）。

われわれの事例を簡単に説明すると、インテーザ・サンパオログループ・アーカイブズに写真展示室を開設するため、特別プロジェクトを推進することにした。これは存在する資料全点を対象とした現状調査の一環として行われている。【図1】はその結果の一端を示している。また、【図2】は特別事業で用いた写真群である。近い将来、遺産のうち重要な部分について、評価、選別、

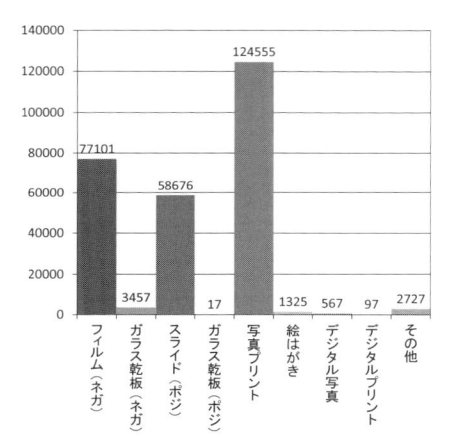

【図1】 写真コレクション現状調査結果（2009年）

【図2】 2010年特別事業 ラファエーレ・マッティオーリ
　　　　——イタリアの「驚くべき」銀行家

装備、目録などの整理業務が、内部のアーキビストや各アーカイブズのキュレーターたちの厳正な指導下で精力的に行われることが予想される。従って、これは単に技術的なだけの業務というよりは研究的な事業ともなるだろう。そこで図版付きモノグラフ・シリーズの刊行も始まっている。実際にグループ・アーキビストがそのエネルギーの大半を注ぐのは、おそらく、資料を評価・比較し、各種調整を経て優先順位を設定したり、多様なスタッフのモチベーションを上げ、毎月あるいは隔週といった頻度でスケジュールを更新したりする、といった類いのことであろう。

　コレクションの規模は膨大であるため、選別が必須である。日々が取捨選択の連続である。ここで求められるのは、コレクションのうち分析を加え再配置して記述目録を採るべきなのはどの部分なのか、また、特別プロジェクトの対象とすべき部分はどこなのか、これらを調査し確定することである。また、記録の整理工程を単純化することも生き残りのためには不可欠である。「より少ない工程で、より大きな成果を」という点については、最近の *American Archivist*（『アメリカン・アーキビスト』）誌での専門的な議論[2]をわれわれも読んでいる。

4. グループ・アーキビスト ― 暫定的プロフィール

　先に触れた単一ブランドのビジネス・アーキビストのプロフィールを基本に、グループ・アーキビストとして**求められる専門的なプロフィール**を付け加えると以下のようになる。

- 偏見のない、良心的な歴史家であること
- 柔軟で精力的であり、調整や共同作業を行う能力があること
- 電子記録や新しい媒体といった分野での技術的な訓練を受けていること
- アーカイブズの構造規則を明確に適用することにおいて首

尾一貫性があること

つまり、大胆であると同時に慎重であることが求められているのである。お役所的な態度では務まらない。

グループ・アーキビストの当面の仕事は、内部スタッフの訓練、記録の取捨選択、コスト削減や、予算策定、それからプロジェクトによる管理で手一杯であろう。一方、コレクションの現場での作業は、おそらく内外の専門家に委託することになる。

彼らの任務は多大な労働力を要するものとなるであろう。時に認識不足の雇用者もいるが、計画し調整するというこの仕事は、専門的な選択判断を集約したものであり、社会全体にとって、また将来にとっても決定的に重要な意味を持つことは明らかである。

5. 最終提案

結局のところ、変化の激しい重圧の多い「状況」でも、この専門職を発展させるというコンセンサスを得るために、世界のあらゆる国において、ビジネス・アーキビストの養成を強化し、最新のものにしていくことが肝要である。

ここで非常に重要になるのは、企業の発展に対する信頼感である。そして、チャンスがあれば自信を持って対処し、時機を見計らってイニシアチブを取る（あるいは放棄する）ことが大事である。そうしないと部下に過重な負担をかけることになる。仮に専門スタッフを雇うことができなければ、外部協力者や、場合によっては研修生・ボランティアでも、急場しのぎや新しい実験プロジェクトの試行には十分間に合うこともある。

また指揮命令系統が頻繁に変更されるという事態も、新しい専門技術（法律、物流、ITソリューション、一般事務、社外・社内コミュニケーション）を学ぶ絶好の機会となるであろう。

第三部　アーカイブズを武器に変化に立ち向かう

　そうしていれば、**社内の顧客**も**開拓**され、さまざまな部署から歴史に関する問い合わせもより頻繁に行われることになるであろう。われわれのケースでは、この社の内部から要請されるプロジェクトが、業務の非常に重要な部分を占めている。最近では、以前存在した 250 の銀行のインタラクティブな歴史地図を作成し、インテーザ・サンパオロ銀行グループのウェブサイトで公開した[3]。現在、グループの歴史に関するドキュメンタリー映画をいくつか作成している。これは企業の経営者養成のために使われるものである。

［注］
1)「使命」に関わるインテーザ・サンパオロ銀行の経験については、2010 年 5 月にサンゴバングループ主催で開催されたビジネス・アーカイブズ国際シンポジウム「会社の記憶、経営に奉仕するツール」（フランス・ブロワ市のサンゴバン社アーカイブズにて開催）において報告を行った。
2)［訳注］Greene, Mark A.; Meissner, Dennis. "More Product, Less Process: Revamping Traditional Archival Processing", *American Archivist*. Fall-Winter 2005, vol. 68, no. 2, p. 208-263. http://archivists.metapress.com/content/c741823776k65863/,（参照 2011-09-21）.
3)［訳注］"Mappa Storica: Archivi Fonit Immagini", Intesa Sanpaolo. http://www.intesasanpaolo.mappastorica.com/mappa.html/,（参照 2011-09-21）.

　　　　　　　　　　　　Photographs：Intesa Sanpaolo Group Archives

第 12 章

アーカイブズに根を下ろして

IBM ブランド形成に寄与する、過去の経験という遺産

第三部 アーカイブズを武器に変化に立ち向かう

ポール・C・ラーサウィッツ
後藤 佳菜子、後藤 健夫 訳

第三部　アーカイブズを武器に変化に立ち向かう

ポール・C・ラーサウィッツ
Paul C. Lasewicz

IBM 社 アーキビスト

　ポール・C・ラーサウィッツはアメリカ・ニューヨーク州アーモンクでインターナショナル・ビジネス・マシーンズ・コーポレーション（IBM 社）のアーキビストを務める。IBM 社のために積極的にコレクションを管理することで、会社が現在と将来のビジネスニーズを果たすのに必要なコンテンツを保存し、利用できるようにし、アーカイブズという投資から最大の価値を得ることを可能にしている。IBM 社入社前はアメリカ・コネチカット州ハートフォードのエトナ・ライフ・アンド・カジュアルティ社にて社内アーキビストを務めた。エトナ社はグローバルなマルチライン保険会社でフォーチュン 100（世界トップ企業 100 位）に入っている。ラーサウィッツは地域的・全国的・国際的な専門会議で多くの発表経験があり、経営史や企業アーカイブズに関するさまざまなトピックについて多数の記事を専門ジャーナルに寄稿している。

IBM 社（アメリカ）

　1911 年の設立以来、IBM 社ははかり、時計、計算機を製作する小さな会社から、世界で最も革新的で敬服されている企業の一つへと発展した。現在は 40 万人以上の従業員が 170 カ国以上において顧客のために、情報技術による解決方法を創案しそれを実施している。会社の物語はその発展を記録している。高い技術、科学的才能、工学技術の革新、顧客中心、大胆なリスクに関わる

第12章　アーカイブズに根を下ろして

複雑な物語である。これらの物語は IBM 社がいかに世界の働き方や生き方を文字通り変えたのかについて数多くの方法を描き、それらの物語が集合的に、世界で第2のブランドである IBM 社の遺産を構成している。

　これらの逸話は IBM 社アーカイブズから引き出されている。アーカイブズはアメリカ・ニューヨーク州サマーズにある I・M・ペイ設計の施設に本拠がある。そのコレクションはほぼ全てが 20 世紀の企業と技術の記録で、直線にすると 4,000m 以上の印刷記録、6,000 点の映像・ビデオ・録音テープ、10 万枚の画像、3,000 点のモノ資料を含んだ豊かなものである。このコレクションは戦略的意思決定、IBM ブランドおよびブランドの経験、マーケティングとコミュニケーションの企画、さらに人的資源や法律など内部向けの機能を支えるために利用されている。IBM 社が第2世紀を迎える中、IBM 社アーカイブズは会社の従業員のための知識、インスピレーション、ならびに競争力の源泉であり続けている。

IBM 社アーカイブズの内部

第三部　アーカイブズを武器に変化に立ち向かう

アーカイブズに根を下ろして
―IBM ブランド形成に寄与する、過去の経験という遺産―

ポール・C・ラーサウィッツ

はじめに

　企業は自社のブランドを明確に定義することで、市場からの尊敬と、顧客からの好印象を得ることができる。それは逆に、ブランドに対する理解や定義が曖昧なままだと、従業員や顧客の混乱を招くのみならず、企業の財務面（財政的実行可能性）にまでマイナスの影響を与えてしまうことを意味している。そのため、近年の企業では、重要なものの一つにブランドコンセプトを挙げている。著名なブランド戦略コンサルタント「インターブランド」によると、ブランド力を測る 10 の原則のうちの一つは「真正性」だという。これは、企業内でブランドが企業の能力に強く根差している度合いのことであり、明確に定義された価値体系を持ち、首尾一貫した伝統を示す。「真正性」とは根本的に長年の企業活動とその実績であることから、このような歴史的資料の守り手である企業アーカイブズは、企業のブランドの本質的な特性を示し、真正性が高く魅力ある伝統を証明することによって、企業のブランド定義を支援することができるのである。

　IBM 社アーカイブズの経験は、この点に関しいくつかの洞察を提供することができる。2002 年のリーダーシップの変化は、IBM 社に新たな目標を設定する機会をもたらした。最高指導部（シニアリーダーシップ）が設定した目標とは、構成員たちや仲間たちによって、IBM 社が「偉大」な企業として広く認められることだった。「偉大な会社を偉大たらしめているのは何か？」について調査をしたとき、経営陣は、偉大な会社であり続けるた

第 12 章　アーカイブズに根を下ろして

めの構成要素の一つが、偉大なブランドであり続けることであることを認識した。

だからこそ、IBM ブランドの本質的な特徴 — つまり、時を超えて IBM を IBM たらしめている文化的側面 — を定義するため、戦略的な試みを開始した。ブランドチームがその調査をするにあたり、訪れた場所の一つが IBM 社アーカイブズだった。アーカイブズは 100 年を超える IBM 社の歴史の大量の記録を所蔵しており、ブランドチームはひらめきを見つけ出すため、また IBM の真正性を示す歴史的証拠を発掘するため、アーカイブズの中で途方もなく長い時間を過ごした。

このブランドの詳細な分析の結果として、会社はブランドが以下の四つの重要な特徴を持つと定義した。

1. 永続的なアイデア — 進歩
    IBM は知能、思考力、そして科学の応用が、ビジネス、社会、そして人類の発展につながると信じている。

2. われわれを他から区別するもの — 私たちの価値
    IBM の価値は、時を超えた IBM の本質に焦点を当てている — すなわち、私たちが過去誰であったか、今誰なのか、常に誰でなければいけないと信じているかということである。

3. IBM が最初に経験される方法 — IBM 社員（IBMer）を通して進歩および市場における相互作用を前進させているのは、会社のどの側面にも増して IBMer である。

4. 奉仕する対象 — 前向きに思考する人々
    IBM は、私たちの主たる支持基盤である、顧客、従業員、コミュニティー、そして投資者からの高い尊敬を得られるよう、ブランドを管理している。

これらの四つの、IBM ブランド特性の歴史的ルーツに対する

第三部　アーカイブズを武器に変化に立ち向かう

考察から、アーカイブズというものが、企業の中で最新かつ非常に戦略的な役割を果たし得る一つの手段であることが示されるだろう。

1. IBMの永続的なアイデア ― 進歩

　時を超えてIBMであることの証拠となるものを探すために、IBM社ブランドチームが会社の歴史を調べ始めた時、まず目に入ったことの中の一つは、「進歩」という概念が会社に非常に深く根付いていたことである。1916年、IBM社の伝説的な社長、トーマス・J・ワトソン・シニアは販売部の社員に指示をした。「諸君、このビジネスの未来と成功は、われわれが作る発達の道筋、新たに開拓する分野、現在まだ手掛けていない事業などの拡大ということに大きく懸かっている。われわれは進歩しなければならず、それ以外の方法では成功を得ることはできない。開発作業の途中で立ち止まることはできない」

【図1】 IBM社の伝説的発明家ジェイムズ・ブライスはIBM社アーカイブズの図書室を見守っている

第 12 章　アーカイブズに根を下ろして

　ワトソンが産業研究に置いた強調点は、先見の明に富み、広範囲にわたるものであった。1930 年代、IBM 社の幹部たちが好んでいたのは、同社の売上高の 90% 以上がこの 1916 年の発言以降に開発された製品から生み出されたものだと示すことであった。同社の最初の映画の一つは、1935 年製作の企業概要で、タイトルは単に「進歩」と名付けられた。会社には 5 人のノーベル賞受賞者がいるほか、チューリング賞、アメリカ国家技術賞、日本国際賞などの多数の受賞者を擁している。そして 2010 年、IBM 社は 60 億ドル以上を研究開発に費やした。

　しかし IBM 社にとって、進歩とは単に技術開発ではない。ワトソンや会社にとって、技術とは単純に目的に対する手段に過ぎなかった。目的とは、—IBM 社および IBM 社の顧客、そして究極的には全世界にとって—「世界をより良い場所に変えていく」ということであった。ワトソンの指導原則は、会社の草創期から、「世界をより良い場所に変えていく」ために製品と人の両面から IBM 社を活用するというものであった。「私はよく言ってきたが、人は生活の糧を得ることで称賛に値するわけではない」とワトソンは 1930 年に述べた。「われわれは個人的な利益などという観点を超え、サービスを提供しなければならない。もし私が、たくさんの人々にサービスを提供できないようなビジネスに関わっているとしたら、私は幸せにはなれない。われわれの組織を眺め、われわれの従業員たちが世界 77 カ国で作っている記録に目を通すと、われわれは顧客に提供しているサービスによって、多くの人々の生活を少しはより良く、より楽しいものにするようなことを行っているのに気づく。われわれが組織という手段を通してさらにできることがたくさんあるのに、われわれにはできていないことが多いのに本当に驚いた。われわれは、金銭の面からではなく、サービスの面から見るべきなのだ」

　1935 年にワトソンは「今日のパイオニアは明日の進歩を築いている」という言葉を残したが、IBM 社には企業と世界の進歩

というテーマが20世紀を通じて一貫している。IBM社の遺産のこの不朽の側面はブランドチームを刺激し、ブランドの重要な特徴、すなわちIBMの永続的なアイデアとしての進歩が明確化された。

2. 他から区別するもの ― 私たちの価値観

　ブランドチームが調査の中で最も発見したかったことの一つは、IBM社での価値観の例であった。今日、会社はしばしば価値を追い求めるものだと主張する。しかし何かであると主張することは、それを証明することと同じではない。しばしば無形であるこの概念が、実に会社のブランドの本質的な特徴であったことを証明するうえで、IBM社の遺産は重要な役割を演じた。IBM社アーカイブズのインパクトある発見の顕著な例の一つは、長年勤務した会社幹部が書いた1956年のメモである。ワトソンが亡くなったわずか数週間後、生産ラインが身の毛もよだつばくちのような転換に巻き込まれていた最中で書かれたこのメモで、筆者はIBM社が永続的価値を失う危機にあると述べている。これは意義深いコメントである。なぜなら50年以上前に、IBM社が価値体系を持っていることに気付いていた上に、事実この価値が永遠のものであることを認識していたからである。IBM社はワトソンが亡くなった6年後の1962年にその価値観を成文化した。そして、それから40年間、まったく変えられずに残ったのである。

　90年近くにわたって従業員と経営者の日々の業務によって強化されたこれらの価値観は、2003年版のIBM社の企業理念の歴史的背景となった。機敏にもIBM社の最高経営幹部は、革新的なオンラインの「ジャム」を通して従業員を参加させ、21世紀のあるべきIBM社の核となる価値観についての意見を求めた。72時間にわたって、5万人以上の従業員がオンライン・ディスカッション・フォーラムで議論をした。この結果を基に、IBM社は

新たな企業理念を作り、それによって従業員は常にIBMerであることに明確に誇りを持つことができた。

　IBM社の基本的信条（1962年）
　　・個人の尊重
　　・最善の顧客サービス
　　・完全性の追求

　IBM社の現在の価値観（2003年）
　　・お客さまの成功に全力を尽くす
　　・私たち、そして世界に価値あるイノベーション
　　・あらゆる関係における信頼と一人一人の責任

　会社が価値観の重要性を長期にわたり意識し強調することによって、過去、現在、そして未来において、IBM社は価値観に動かされている企業である、という誠実で説得力ある主張の堅固な基盤が、IBM社にもたらされた。改良されたこの価値観が企業の伝統的な信念に沿っているということは、これらの考え方はIBM社に不変のものであることを示し、それゆえにブランドのもう一つの真正な性格を形成していることを示している。

3. 最初に経験される方法 ── IBM社の社員を通して

　ブランドチームがIBMブランドの経験の全体像を見ていくうちに、彼らはIBM社の価値観のカギとなる要素は、尊敬、サービス、信頼、献身などの特に個人的な関係性に明確な焦点があると結論付けた。ゆえに、IBM社が市場と関わってきた主な方法が、従業員を介していたということは、驚くようなことではない。ワトソンは、従業員が適切に会社を代表できる能力を大変重要視した。IBM社の伝統的な販売部門は、優良企業の一部である集合

的な外見、すなわち、普遍的な営業の「ユニフォーム」つまりダークスーツ、磨かれた光る靴、ネクタイ、帽子によって広く知られていた。しかしIBM社の代表たる従業員たちは、ただ単に仕立てのいいスーツの見かけだけに表されるのではない。彼らはよく訓練され、深い知識を持ち、顧客へのサービスに非常に献身的であった。ワトソンは、模範的な努力に大いに報いる報奨制度を通じて彼らが努力し続けるよう保った。

しかし、ワトソンは販売部門で終わらなかった。彼は全てのIBM社従業員が会社の成功に貢献できること、そして彼らがその成功を説明できることを望んだ。ワトソンは、従業員たちの集団的力を解き放つことが会社の責任だと見なした。1915年、彼は「THINK」というマントラを導入した。この1語のスローガンは今日まで続く企業文化の特色を輝かしく生み出した。この短い言葉には、IBM社の社員であることにふさわしいエッセンスが凝縮されている。すなわち、世界をより良い場所にすることを追求するため、自分自身で決断できるような自由と権威を与えられた個々人が、一丸となった集団だということである。1935年、IBM社の製造現場監督たちへのスピーチで、ワトソンは言った。「私は、この会社で私が持っている全てのもの、あるいはわれわれが会社に持っている全てのものよりも、われわれの組織の個性や、世界中で社員たちがわれわれを代表する仕方を誇りに思っている」

「従業員たちに力を与える一つのカギは教育である」とワトソンは考えた。従ってIBM社は1916年に「計算機ビジネスについての最高のアイデア、提案、ポリシー、そして一般知識に関する情報センター」として初めての教育プログラムを確立した。それからの20年間で、IBM社の教育システムは、販売部、管理職者、エンジニア、工場の職員に至る全ての従業員を対象とするまでに成長した。この社員教育への重点的な取り組みは、従業員が終業後の自習クラブを作るほど文化として深く根付いた。大恐慌

のさなかにあった1935年までには、彼はニューヨークのエンディコットに、IBM社の学校を建てた。大きな財政的支援であったが、それはIBM社が不断の改善が文化的に重要であると見なしていることを象徴するものである。この文化的特徴は、政治的な境界を超えて世界中のIBM社の従業員に広がり、1930年代までには、ヨーロッパと南米諸国の組織に教育プログラムができ、1960年代までにはオランダと日本でIBM社の教育専用センターができた。IBM社においては、「教育に飽和点はない」というのがワトソンの持論である。

　今日、ワトソンの時代と同様に、従業員が働く分野において、彼らをIBM社への理解増進の推進者として活性化させることについて、引き続き討議が続けられている。それはまるでワトソンがいた日々のようである。「われわれの工場や学校、研究所、本社ビルを見たことがある人はほとんどいない」と1940年にワトソンは語っている。「そして彼らがIBM社の特徴を判断するただ一つの方法は、われわれを代表する人々によって判断することなのだ」。全てのIBM社社員を外見・言葉遣い・行動でIBM社に対する理解増進の推進者にするその入念な育成は、これまでIBMブランドの永遠の相であったし、今なおそうあり続けている。

4. 奉仕する対象 ― 前向きに思考する人々

　テクノロジー企業は製品やアプリケーションを発明し、そして次にそれらの製品のために市場を作ろうとする。ブランドチームがIBM社の過去をひもといていた時、彼らは繰り返し何度もこのパターンを見た。

　まず、IBM社に関して未来志向で考えることは義務であり、そしてワトソンは進歩的な外見はIBM社文化の不可欠な要素であることを明確にした。「生命は常に動的である」と1932年に

彼は言った。「われわれが確信できる唯一のことは、永続的な変化である。われわれの時代では、変化は素早く取って代わっていく。今日の方法は、明日には最適でなくなるだろう。未来のニーズについて決断を下すことがビジネスリーダーの役割だ。明日の方法は、今日決められなければならない。不断かつ慎重な調査が日々のビジネスの業務フローの中で最も必要とされるのだ」

ワトソンは、IBM 社をビジネスの効率をスピードアップし増大させる技術の早期導入者と位置付けることで、前向きな思考をする文化的な傾向を定めた。会社は、1927 年の大西洋横断電話、1929 年の大陸横断コミュニケーションのための RCA 無線、1931 年のアメリカ・ブラジル間の無線電話接続、1932 年の企業映画、1936 年の全世界の従業員対象のラジオ放送、1940 年のオセアニア横断航空郵便の最初のユーザーとなった。ワトソンは 1939 年のニューヨーク世界博覧会において、試験テレビ放送にさえ姿を現した。

【図 2】IBM 社アーカイブズのコレクションは多くの実物資料を含み、中には 1600 年代までさかのぼるものもある。アーカイブズの展示ギャラリーには 1950 年代の電子計算機 IBM 702 の中央処理装置(CPU)が展示されている

第 12 章　アーカイブズに根を下ろして

　前向きな思考であることで、IBM 社は将来を見据えた組織の必要を予想し理解し対処することができた。20 世紀初頭に、政府の国勢調査から鉄道、工業、小売り、そして金融業に至るまでパンチカード式計算機が商業的に普及したが、これは IBM 社がこれらの業界に対する深い理解を育成し、ビジネスのプロセスと分析に改良を加える計算機アプリケーションを開発するために行った業界との緊密な協力に基盤を置いている。

　これを目指し、1916 年の IBM 社の最初の研修の目的は、顧客の IBM 製品の利用方法がいかに多岐にわたっているのかについての知識を明確化し、共有し、広めることだった。しかしそれは同時に、未来の機能性と妥当性のためのアイデアを集めることにも役立った。「ところで、業者や商人から提案を受けたときには、まず提案を受けた相手と接触し、内容を書きとどめ、そしてそれをここに送ってほしい」とワトソンは販売員たちに指示した。「天才たち（IBM 社の発明者たち）に可能か不可能かを判断させなさい。それが彼らの仕事なのだ。だからこそ彼らがここにいる。もしあなたたちが考えを出し、それで彼らがアイデアを練るならば、われわれは人数を 2 倍にしてもよいのだ」。IBM 社の機器が、最も先進的な顧客と販売員によっていかに使われ、使えるかという情報が広がることで、IBM 社は製品のための潜在的な新機能、アプリケーション、そして新規顧客をさらに上手に特定できるようになるのだ。

　同様に、1930 年代から 1940 年代にかけてアメリカの社会保障プログラムや大規模科学計算のような政府開発プロジェクトに IBM 社が精力的に参加したことで、会社は新技術や大規模計算に関する貴重な専門知識（これは商業セクターの未来志向の顧客が計算技術に移行し始める時に影響力を行使できるものである）を獲得し、成功に導くことができた。

　1950 年代、信頼性ある電気機械計算システムから、速いが確実性が立証されておらず、かつ価格の高い電気コンピューター

第三部　アーカイブズを武器に変化に立ち向かう

技術への恐ろしい変化に対処するには、IBM社と顧客の双方の側の信頼が必須であった。電気コンピューターの動作やアプリケーションに関する知識を広げるために、IBM社は1940年代にニューヨークのコロンビア大学で世界初のコンピューター科学のカリキュラム作成に関わった。1950年代から60年代にかけて、コンピューターの有用性と効果について広く知らしめるため、IBM社は多くの学術的、専門的なコンピューターに関するシンポジウムを主催した。同様に業界誌は、当時20年間ほどにわたって、さまざまな業界の会社がビジネスの効率性を高め、利益を拡大するためにどのようにIBM社製品を利用しているかを喧伝し、同業他社のコンピューター世代への移行に対する興味をかきたてようとした。そして、一般の人々にこれら「電子頭脳」を啓蒙するために、会社は1950年代から60年代にかけて著名な産業・グラフィックデザイナーのチャールズ・イームズとレイ・イームズに委託し、利用しやすく簡単な方法で、複雑な技術のコンセプトと働きを説明する、多くの映像と巡回展示物を制作した。

　2011年現在、先端技術の話題の中心は以下のような点に集中している。すなわち、クラウドコンピューティングのような進化した技術や、世界中の膨大なデータを集めたワトソン（「ジェパディ」に参加したコンピューター）のような人工知能プログラムによる現実世界での応用、ますます精巧になったアプリケーションを使い以前ならば不可能だった方法で分析すること、世界のあり方に意味ある変化を生み出すような深い知識を引き出すことである。なおそれは根本的には、IBM社が創業以来100年間を通じて顧客と一緒に取り組んだ「情報への挑戦」と本質的に同じであるのだ。このような中心的業務の継続性のおかげで、IBM社は業務プロセスと分析的ニーズの解決策として技術的な変化を受け入れる進歩的な組織に関わっており、そのニーズに喜んで答えることを十分に証明する事例が、会社の遺産の中には満ち満ちている。このように、前向きに思考する者と協力することがIBM

ブランドの本質的な特性であるということは、歴史的に証明されているのである。

5. 結　論

　結論として、企業ブランドを定義する上でIBM社の遺産が重要な役割を果たすという事実は、社内アーカイブズが会社の現在の戦略的活動に貢献できる一つの方法を示している。アーカイブズは、ブランドの本質的な特性の実例を示すために企業の歴史に触れることで、企業ブランドを強化することができる。これら遺産の事例は、会社が社内外両面からブランドを定義し明確化する際に役に立つ。過去の事例を提供することで、社内アーカイブズは、純利益とブランド価値の両方を向上させ、企業が事業の絞り込みを行う体制の確立に貢献できる。これこそが、ワトソンが心の底から支持するであろう企業の遺産を現在に活かす方法である。

　ワトソンは1936年にこう語った。

「われわれは単に過去の評価を振り返ってみることだけに満足してはいない。そこに、未来へのビジョンを加えるのである」

Photographs：Richard Bartell

第 13 章

企業の DNA

成功への重要なカギ

第四部 アーカイブズと経営

アレクサンダー・L・ビエリ

中臺 綾子（旧姓 倉田）訳

第四部　アーカイブズと経営

アレクサンダー・L・ビエリ
Alexander L. Bieri

ロシュ社
ロシュ歴史コレクション＆アーカイブ
キュレーター

　アレクサンダー・L・ビエリは1976年に生まれ、スイスとイギリスで教育を受けた。情報管理と広報を学んだ後、ロシュグループ持ち株会社に入社。次第に会社の歴史遺産に興味を持ち、ロシュ社の建築史について発表し始めた。2000年にロシュ社歴史コレクションのキュレーターに任命された。ビエリはロシュ社に関連するテーマなどについて多くの本と記事を出版した。ロシュ社内のさまざまな博物館に責任を持ち、スイス国内外で特別展示を組織した。20世紀デザインの専門家として国際記念物遺産会議（ICOMOS）スイス国内委員会の会員である。

ロシュ社（スイス）

　ロシュ社は世界一流の調剤企業で、高い効能を持つ処方薬と試験管内診断器具を専門にしている。1896年の創立当初から会社は革新的であった。2010年にはロシュ社の売り上げは470億スイスフランに達したが、毎年約90億スイスフランを研究に投資している。日本とのつながりは長く、日本での最初の支社は1911年に横浜に設立された。2001年には日本の現地法人が中外製薬株式会社と合併し、新しくできた会社の株の過半数をロシュ社が所有、支配下に置いた。

第 13 章　企業の DNA

　「ロシュ歴史コレクション&アーカイブ」は五つの中心的なコレクションとさまざまなより小さいコレクションに分けられている。五つの中心的なコレクションは、記録と印刷物、8,000 冊以上の書籍、大半がロシュ社内撮影所の自作である映画約 3,000 本を含む視聴覚資料、約 200 万枚の写真、そして調剤や診断機械から実験室・事務所・工場の道具までを含む幅広いモノ資料などのコレクションである。特別コレクションは薬瓶、設計図、家具、歴史的図版、解剖学標本などが大量に含まれている。最古の資料は会社創立の何百年も前の 16 世紀までさかのぼる。グループの活動は創立から現在まで、支社を含めた全体を対象としている。その上アーカイブは 3 カ所の博物館を運営している。バーゼルにあるロシュ社の歴史を展示する博物館、時代ごとの部屋があるスイス中央部のロシュ社研修施設近くの古城、ドイツにある 1900 年ごろの労働環境を扱う博物館である。アーカイブズの目録はウェブ上にあり、大規模なメディアサーバにつながっているため、最新技術によって全ての資源がすぐに利用できるようになっている。アーカイブズは、書籍や単一テーマのパンフレットを定期的に出版している。

スイス・バーゼルのロシュ社本社

第四部　アーカイブズと経営

企業の DNA
―成功への重要なカギ―

アレクサンダー・L・ビエリ

　この論文では、まず第一部で 1950 年代より後にヨーロッパおよびアメリカで起こった経営特性の変化を分析する。次いで、なぜ経営をめぐるこの変化が、社内の社会文化的な環境に広範囲に影響したのかを検討する。第二部では事例研究として、ロシュグループ企業を題材に、社内の社会文化的な環境に影響を及ぼすために、歴史アーカイブズをどのように利用することができるか指摘する。

1. 経営の変化

　規模の大きな企業や組織は通常、市民の間に、自分たちについて一定のイメージを作り上げることを目的として、過剰なほどのパンフレットを作成する。この場合、市民にはもちろん従業員も含まれる。これらのパンフレットの中でもありきたりなものは、企業が目指すものをいくぶん美辞麗句で記述する単なるイメージパンフレットである。1970 年代以降、新しい種類の出版物が発行されるようになった。これはしばしば「経営理念」と呼ばれるパンフレットで、特定の企業価値や文化が華美な言葉で記されるものであった。そこには通常、CEO（最高経営責任者）による序文があり、その序文は自らの「企業価値」によって競争相手との差別化を主張するものである。不思議なほど全てが似通ったこれら出版物を研究することは、非常に興味深いことである。土木会社であろうと、菓子製造会社であろうと、保険会社であろうと、企業によって出版されたパンフレットは、業種を問わず相互に交換することも可能で、オリジナリティーはほとんど無い。このよ

第13章 企業のDNA

うなパンフレットは、全て企業アーカイブズの支援を得ずに制作されたことが、すぐに明らかになる。それどころか、経営者は、会社がいかなるものであるべきかという高尚な見解を述べているのが常であるので、このようなパンフレットが、実際に社内で人々が経験する現実の文化と符合していないことは驚くにはあたらない。

　企業が（理論上）どうありたいかを明確に表現する必要性を突然感じるようになったのには、無論深い理由がある。1970年代に世界的規模で起こった変化を理解するために、歴史を振り返ってみよう。商業は、何千年もの間、商人たちの手の中にあった。商売を行う社会の文化のありよう次第で、商人には高い社会的地位が与えられることもあれば、低い社会的地位しか与えられないこともあった。しかしこのことは、商人が日常生活において重要な存在であるという事実に、影響を与えることはなかった。社会的地位の上下にかかわらず、商人は常に日常生活においては重要な存在だったのである。商品の売買や、貨幣や金のような貴重品の取り扱いに含まれるスキルや技術は、徒弟制度の中で代々受け継がれた。これは、考えようによっては批判されるべき古い習慣を永続させたのかもしれないが、他方ではそもそも世界的な交易を可能にした称賛すべき安定と共通の行動（それゆえ共通の理解）をも生み出した。世界貿易から生まれ、18、19世紀の偉大な発明によって火がともされた社会の産業化は、ビジネスの進め方を決定付けたこの基礎の上に築かれたのである。財務的なサステナビリティーを強く志向する傾向が、非常に長い間、企業倫理の核であったことは、驚くにはあたらない。産業経営者は、今日の基準から見れば、企業で築き上げた法外な額の資本を持っており、総収入の大部分を再投資したという事実を大きな誇りとしていた。実のところ、自らの会社に対する彼らのアプローチの仕方は、商人的なものであった。そのため価値を創造する連鎖を重要視したのである。価値創造の連鎖をどのように利用し、改善する

第四部　アーカイブズと経営

のかを理解するためには、彼らが生み出した製品と市場環境の徹底的な理解は欠かせない。

　学術的な考えを業務過程へ導入しようとする試みは、20世紀初頭までたどることができる。ハーバード大学は、間違いなく、より科学的な視点から経営問題に取り組むことを企図するコースを設立した初期の先駆者の一つであった。多くの国々と同様にスイスでは、経営コースは1950年代に大学に導入された。どこに設置すればいいのか他によいアイデアもなかったため、それらはロースクールに置かれた。伝統的な訓練方法と比べると、大学のコースは社会において非常に高いステータスを持つという利点を主として持っている。それゆえに、営利企業の中で指導的なポジションの人材を募集する場合には、伝統的方法で訓練された実業家は、すぐに好まれなくなった。結局のところ、学問的方法のおかげで学術的な教育を受けた専門家たちが、成果を挙げる可能性が高いという保障と、より厳格な方法をもたらしたのである。とはいえ、学術的に教育された経営者が、古い時代の実業家に取って代わり始めるのは、1970年代に入ってからであった。これらの変化は、1968年の動乱と学生運動によって生み出された社会変化にも、もちろん大きく影響を受けている。当時、スイスの昔ながらの経営者の多くは、よく言えば父親のように描かれ、悪く言えば完全に時代遅れで反動的だと認識されるような、強硬な権威主義的な態度で振る舞った。パターナリスティック（父権主義的）で権威主義的な経営スタイルが放棄されたのは正当なことに思えるかもしれないが、それとともに千年にわたる商取引の伝統もまた、失われてしまったのである。これは、学術的に訓練された経営者たちが、理想とする科学的で健全な経営システムを、自分たちが支配するようになった会社に適用し始めたことを意味した。

　しかし会社というのは人間の集団であり、目標を成し遂げるためには、なんらかの形のリーダーシップが必要である。学術的な

第 13 章　企業の DNA

訓練を受けた経営者によって、実際にはどのように大企業が「導かれる」のかという疑問には、今日においても十分な答えは得られていない。そして、大規模で古い企業によって経験されている多数の問題は、次のような事実が疑いもなく関係している。その事実とは、生産された製品や企業内部における構造的な仕組み、またその企業が事業を行う市場といったものに関する確かな知識に基づいて、何をしたいのかを実際に発言し、指揮を執ることができるような権威は存在しないというものである。持久力や権威といったリーダーシップの特性はもちろん大学で教わるものではない。そのようなリーダーシップの特性は、経営の現場で長期にわたって得る経験に根差す必要がある。もし大学でリーダーシップの特性を習得しようとするならば、若者は大学で過ごす時間のかなりの部分を、通常なら使い果たしてしまうだろう。それを調査するのは、この論文の範囲を超えてしまう。しかし、それは大学教育が、次第に著しく非効率な教育方法になりつつあるときには考えさせられることである。

　企業にとって、この変化の主要な意味合いは何よりも、新しいタイプの経営が過去からの全てのものに対して深い嫌悪感を持っていたことである。今日でも、この世代の経営者たちは何か歴史的なものを提示しようとするあらゆる試みに難癖をつけ、「われわれが注目しているのは未来だ。過去ではない」といった発言で、純情なアーキビストをあしらう傾向がある。こうした知性のかけらもない発言は、彼らがいかに底の浅い、からっぽな人間であるかを暴き出すに過ぎない。会社を理解することもせずに、また問題の複雑性を顧みることなく、彼らは容赦なく頂点へと登りつめたのである。彼らは、会社に仕えるのではなく、会社を道具のように利用している。一度に一つの扱いやすい問題に専念し、それを考え得る限りのあらゆる角度から分析するという自然科学にあっては標準的な手続きで学術的に訓練されたがために、彼らはたいていの場合全容をつかむことがどうしてもできないのであ

第四部　アーカイブズと経営

る。大きな世界的企業と顕微鏡下の微生物との間にある違いをこのように完全に無視すると、自らがコントロールしていると見せかけるための陽動作戦を選択する結果になる。ますます、企業は自分たち自身が作り出した問題を相手にし始め、顧客や製品、市場のための視点を失う。一言で言えば、企業家精神は、絶えず変化し続ける流行に大きく依存する最新の科学的知見への信仰に取って代わられる。こういった科学的知見への信仰というものは銀行アナリストや上級経営者が好む類いのものである。このような手段が最終的には何かを改善するのか、あるいはコストや人々の怒り、フラストレーションを引き起こすだけなのかは、誰にも分からない。さらに、可能な限り変化が起こらないように、かつ他方では可能な限り騒動を巻き起こすように、意図的にプロジェクトが選択される。それはまるで新しい化合物が試験も経ずに、どんな病気に効くかも分からずに市場に出され、それが直ちに、何も知らない人々に大量に処方されるようなものである。

　1970年代の変化には、有害な面だけでなく、もちろん評価できる面もいくつかあった。財政にさらにかなり高い重要性が与えられ、企業は少ない資本で生き延び、活動することを学んだ。当時の生産性にはまだ遺憾な点が多かったことを考慮すると、この変化は緊急な課題であった。そこで経済は全体として、企業が資金を取り扱う際に採用した、巧みで洗練されたアプローチから多くの利益を得た。とはいうものの、今日の財政危機の原因が、当時にかなり由来していることも指摘しなくてはならないだろう。

　ところが一社単位で見ても、1970年代に起こった経営におけるパラダイムシフトは、概して破滅的な結果をもたらした。かつての巨大で重要な会社の消滅は、当時、会社に任命されたしばしば全く無能な経営陣によって引き起こされた、資本の絶え間ない外部流出に起因する。研究開発を基本とする会社に、研究そのものの必要性を疑問視するCEOが現れた。製薬業界は、当時研究部門に課された制約に、今日でもひどく苦しんでいる。そのよう

な中でも最悪な部分は、会社の経営者が、自分たちが指導することになっているはずの従業員やビジネスの生産的な部分から、自分たちを隔ててしまったことである。現在でもなお、経営者が自らの会社に関して有する知識は—そして私たちアーカイブズ関係者はもちろん歴史的知識に注目するわけだが—最小限にとどまっている。

2. ロシュ社の事例

「ロシュ歴史コレクション＆アーカイブ」が1990年に設立されたとき、ロシュ社は、上述のような過程のただ中にあった。会社の伝統を保存するために尽力した長年の従業員がまだ数多く存在したが、すでに研究部門は、経営をめぐる絶え間ない摩擦に降伏していた。よくあることだが、アーカイブズは1996年の会社創業100周年記念行事に基礎を提供するために設立された。その10年ほどの間に退職予定であった多くの一般従業員は、彼らが前任者から引き継いだり、長年にわたって蓄積した文書、印刷物、物品、写真などのコレクションの行方について懸念を抱いていた。絶え間ない企業再構築の過程は、日常業務以外に歴史的な資料を扱うことを後任者に期待することを不可能にした。さらに、多くのポストは完全に失われ、加えて当時、技能ある人材を比較的低賃金でいくらでも雇用できる時代にあって、会社と従業員の間にかつて存在していた相互尊重は、消え失せ始めていた。この過程は、見えざる経営者が引き起こしたわけではないにしても、彼らによって加速されたのである。この見えざる経営者たちとは、経営者でない者には乗り越えられない要塞のようなドアの後ろに居を構え、「私たちと君たちの間には敵と味方を隔てる境界線があるのだ！」と従業員に言い放つような存在である。

アーカイブズは100周年記念行事の後、閉鎖されることになっていた。私の前任者たちは、グループ全体の中で時間の経過とと

第四部　アーカイブズと経営

もに保存され築かれてきた比較的小さい歴史コレクションとアーカイブズの多くを引き継ぐことによって、閉鎖を回避しようとした。これらはしばしば、会社が創立された1896年時点にまでさかのぼるものであった。このことは、従業員がロシュ社に対して育んできた、ときに極端に思えるほどの感情的つながりによって初めて説明し得る驚くべき事実である。このような活動によってアーカイブズは自ら不可欠な存在になろうとし始め、自らのコレクションが適切に保存されることを求める多くの従業員にとっては、頼みの綱に相当する場所となった。

　1995年、スイス政府は、第二次世界大戦時におけるスイス企業の行動を歴史的に調査する公的団体を設立した。歴史家ジャン・フランソワ・ベルジェが議長に任命されたことにちなんでベルジェグループと呼ばれたこのグループの調査活動は1999年ごろ終了したが、私が「ロシュ歴史コレクション＆アーカイブ」を1999年後半に引き継いだ時、彼らはまだ最終報告書を作成している最中だった。当時のスイスとドイツの企業に対してなされた要求はすぐに、ロシュ社のアーカイブズの長期的な存続を保証する上で、非常に関係の深いものになった。たとえ現在調査されている出来事が過去に起こったことであり、法的にはすでに期限切れであったとしても、市民の倫理上の関心の変化が、法的行動を引き起こし得ることが初めて明らかにされたのである。これはアメリカの裁判権に関する最近の進展結果である。会社が過去にとった行動の証明を可能にする、管理の行き届いたアーカイブズに投資することは、理にかなっていることをはっきりと示す確固たる事実が、突如として目の前に現れたのであった。ロシュ社が第二次世界大戦中、可能な限り公正に振る舞ったということを証明するために、「ロシュ歴史コレクション＆アーカイブ」が役立ったという事実は、アーカイブズは必要だというアーカイブズ側の主張を裏付ける重要なものであった。だが、それでも十分と言えるようなものではなかった。

第 13 章　企業の DNA

　アーカイブズは、最初にアーカイブズ自身の中から一つのブランドを作り出すことに着手した。これによって、アーカイブズが提供可能なサービスの市場戦略を実行することが可能になった。この行動によりアーカイブズは、知識全般を扱うにあたって、社内の多くの部署にとって、優先的なパートナーになったのである。これを達成する際に私たちロシュ社のアーカイブズは、歴史的な価値を持つ記録に精通しているという比類ない強みを持っているという事実に、大いに助けられた。また、私たちはアーカイブズ内部を巡るガイド付きツアーを行った。芸術や建築というテーマで行うこともあった。これらは全て、PR を行う際の重要な追加的手段として、アーカイブズを確立するにあたって、大切な役割を果たしたのである。さらに、ほとんど知られていない歴史的価値を持つ資料の特別展は、私たちの所蔵品や業務に興味を持ってもらうために重要な要因となった。自社の歴史に関する新しい出版物の刊行によって、ロシュ社の歴史に対する間違った認識が訂正できるようになり、誤った認識を、私たち自身が行った事実に基づく調査により証明された確固たる歴史的事実に取り替えることが可能になった。

　もし当時、会社の経営陣の中に混乱がなかったら「歴史マーケティング」を意図したこれらの方策は、全て機能しなかっただろう。古い経営構造は疑問視され、新しい一群の人々が会社の指導的役割を引き継いでいた。新しい経営陣は、製薬業に対して十分な理解があり、ロシュ社が成長への持続可能な道に戻るというミッションに乗り出したのであった。これらの方策は 100 年以上の歴史を持つロシュ社にとって、一つの若返り効果を持つことが、すぐに明らかになった。それまで当時のほとんどの従業員にとって、「ロシュ社」が企業文化や企業価値の観点から何を意味するのか、まったく不明瞭であったからである。これに先立つ数十年間の成果として、グループはまだ強力な市場参加者であったが、市場の要求、未だに残存していたもともとの企業文化の痕跡、

第四部　アーカイブズと経営

そして以前の経営世代が残していった考え方、といったものの間でロシュ社は本質的には引き裂かれていたのである。こうした状況は、言葉が行動と一致することのない、経営上の統合失調症としか形容できない。

「ロシュ歴史コレクション＆アーカイブ」はその中に唯一の機会を見いだした。かつてのロシュ社に典型的であった開放性やユニークな精神と、その当時の堅苦しく古臭い雰囲気を比較する時、自社の歴史の専門家として私たちは不安を感じていた。私たちにとって、何が過去にロシュ社を大きく成長させたのかは明らかであったし、私たちは企業の「DNA」とでも言うべきものに立ち戻ろうとするロシュ社を助ける義務と機会の両方を自分たちが持っていることをはっきりと理解していた。アーキビストは、比類なき特権を持つ立場にいる。アーキビストだけが過去に起こった出来事の詳細を知っており、それ故に出来事を正しく、かつ他と差別化して把握することができる。失われた伝統を生き返らせることが、将来の成功を勝ち取るための重要なかぎとなるのは明らかで、私たちは、その成否が自分たちの肩にかかっていることを理解していた。時々、これらの伝統は一見したところ、あまり肯定的なものとは思えないことがある。しかし、そうした伝統も正しい文脈に置いてみれば、過去の成功物語の形成に重要であったのであり、そして今もなお同様に重要であることを私たちは示すことができる。

多くの企業のように、ロシュ社も「飛び抜けて優秀な人材」を引き付けていることに誇りを持っている。しかし、これはロシュ社の歴史における風変わりな点なのだが、ロシュ社は長い間、あらゆる階層、あらゆる分野の人材を甘んじて受け入れて来たのである。この一見不利に見えることも、大きな利点であることが判明した。それは、「独創的」に考え、豊かな経験を背景に、会社に貢献することができる従業員をロシュ社が雇用してきたからである。数多くの逸話が、人的資源の管理方針に対するロシュ社の

第 13 章　企業の DNA

特別な姿勢を示している。現在でもロシュ社の従業員の多くは、ロシュ社が女性を管理職に起用した最初の企業の一つであったことを知ると驚く。1925 年、アリス・ケラー博士は日本のロシュ社関連会社の総支配人に任命された。彼女は、そのような立場に起用された最初の女性の一人だった。ケラー博士は一生独身で、広く旅をした。洞察力のある写真家でもあった彼女は、亡くなる前に、興味深い写真群をロシュ社の歴史アーカイブズに残した。また、従業員が経営陣の決定には従わず、自らの仕事の価値への確信を貫き通したことだけが理由となって、ある製品が市場に出たことを伝える物語もある。伝統的なロシュ社の文化について多くを語るこうした物語を提示することで、私たちはゆっくりと、しかし確実に、従業員の会社に対する見解に異議を唱え、過去の誤った前提や悪しき経験を根絶やしにすることができたのである。

　この過程の初期段階において、重要な突破口となったのは、2006 年に始まった新しい歴史展示であった。それ以降、ロシュ社の全新入社員ならびに多くの会社訪問者は、魅力あふれる資料群が並ぶ展示に案内される。会社の歴史が初めて、CEO の任期を中心に組み立てられるのではなく、製品ラインの観点から語られた。異議、議論、および批評が、広く活発に行われるような環境を創出することが私たちの意図であるため、議論を呼ぶようなテーマは特に重要である。それは、最初から大いに関心を集めたというわけではなかった。しかしながら今日では、この展示は、ロシュ社のバーゼル本社で、最も人気がある場所の一つであり、会社が私たちのビジョンを追い越したために、その展示は少しおとなしめにさえ見え始めているところである。従って、私たちは現在、展示を一新し、今一度ロシュ社の企業文化にかなうことを望み、議論と学習のための驚異的で挑発的な場を提供しようとする、新しいプロジェクトに乗り出した。

第四部　アーカイブズと経営

【図1】　ロシュ社歴史展示

　もう一つ記すにふさわしい例としては、建築と美術品がある。ロシュ社は伝統的に1930年代から建築と美術双方の育成に力を入れており、当時主たる現代建築家の一人であったオットー・ルドルフ・ザルビスベルクに依頼して独自の建築スタイルを開発させた。彼がロシュ社のために創作した内装は、彼と同時代の人々にとっては、衝撃的なほどシンプルで工業的なものであった。今日の経営者でさえ、オリジナルデザインのいくつかについて、あまりにも殺風景だと感じることがあるようだ。1970年代、80年代に、経営者たちはもともとのデザインをごまかし、高価な自然素材と暗めの色を採用することによって、温かくて堂々とした雰囲気の部屋を作ることを求めた。ロシュ社の建物と美術品収集は専門家の中で常に伝説的に有名であったが、会社はできるだけ全てを秘密に保つよう力を尽くした。理由は推測可能だが、美術と建築を特色とした数十年にわたる実績を公表することに対して、1999年に会社は非常に強く反対した事実がある。しかし、そうした会社の態度に阻止されることなく、医師たちのための工場見学だと偽って、アーカイブズは秘密裏に美術と建築に関するツ

アーを始めたのである。これら少数の選ばれた人たちは、見学の記念に何か印刷されたものを持ち帰りたいと希望した。私たちは小さなパンフレットを出版するにも多少の勇気を要したのだが、彼らの希望に沿うために、結局パンフレットを作成したのである。経営陣が替わり2年後には、ロシュ社が長年建築と美術に力を入れてきたことを通して得た非常に肯定的な広報に満足するほどになった。ロシュ社は、1930年代の前任者たちがとても大胆に実行した現代主義のアプローチを信奉し始めるまでになった。会社の経営陣が使用していた伝統的な会議室は、もともとはザルビスベルク教授によって設計された最も興味をそそる美しい部屋の一つである。1936年に作られた独特なこの部屋は、とりわけ1970年代から1980年代にかけて、当初の設計にはなかった木造の天井と暗い色調によって「改良」されたが、本来のデザインをかなり傷つけた。結局、経営者側は、オリジナルの部屋への完全な回復、すなわち紛れもない現代主義の栄光の回復を決断し、アーカイブズの家具コレクションに含まれていた歴史的な椅子を選ぶことさえ行った。この点は、ロシュ社がどれほどオリジナルの企業文化の中に安心と安らぎを見いだしているのかということを示す、最も分かりやすい印である。そして、それはほんの10年前には思いも寄らなかったことである。

今日のロシュ社は再び、1896年の創業時から目標としていたような、しっかりした研究を基本としたヘルスケア企業である。研究に基礎を置く会社にとって、グループの最も貴重な資産は、従業員たちの創造性である。第二次世界大戦後の経営における変化、特に1980年代に見られた変化とそれに続くヨーロッパの経済構造の変容の中で、ロシュ社はそもそも自らを最も成功させ、独創的な製薬企業の一つにした足跡を見失った。経営者は、いまだ満たされていない医療ニーズに新しい解決法を提供するという、ロシュ社の中核業務に厳格に焦点を合わせることによって、組織内部に現れた欠点に対処した。その過程を支援するために、

第四部　アーカイブズと経営

「ロシュ歴史コレクション＆アーカイブ」は、会社の本来の「DNA」の再確立と発見を導く、広範囲のさまざまな方策を築き上げたのである。これは経営者と従業員の間に、信頼の新しい基礎を提供しただけではない。それによってロシュ社の内部活動は、市民にとっても分かりやすいものになり、社内外におけるロシュ社のイメージを鮮明にするのに非常に役立った。そのため「歴史マーケティング」の広範囲にわたる活用は業務に直接的な効果を及ぼし、会社は自らをより深く理解するための事業に取り組むことで大いなる利益を得てきた、と私たちは自信を持って言うことができる。

Photographs：Roche

第 14 章

会社の歴史

化学企業にとっての付加価値

第四部 アーカイブズと経営

アンドレア・ホーマイヤー

安江 明夫 訳

第四部　アーカイブズと経営

アンドレア・ホーマイヤー
Andrea Hohmeyer

エボニック・インダストリーズ社
アーカイブズ長

　アンドレア・ホーマイヤー博士はフランクフルト・アム・マインの大学でドイツ文学、歴史、政治学を学んだ。1994年、世界中で事業を展開している化学製品会社のデグサ社アーカイブズに就職。デグサ社は会社統合により、エボニック・インダストリーズ社となり、ホーマイヤー博士は2001年同社アーカイブズ長となった。日常の主な仕事はアーカイブズ管理、アーカイブズサービスのマーケティング、歴史的コミュニケーション（記事、プレゼンテーション、ガイドツアーなど）、歴史問題マネジメントである。ドイツ企業労働アーキビスト協会理事、国際アーカイブズ評議会会員。

エボニック・インダストリーズ社（ドイツ）

　エボニック・インダストリーズ社アーカイブズは50年以上にわたって活動している。フランクフルト近郊ハーナウとルール平野北部マールの2カ所に拠点を置き、世界中から寄せられる社内外からの質問のために活動している。スタッフ10人。アーカイブズは同社の前身をなすデグサ社、ヒュールズ社、ゴールドシュミット社、ルーム社、シュトックハウゼン社の五つの化学製品会社の歴史遺産に対する責任を担い、それによってドイツ内外の化学製品産業の170年間の歴史を記録している。エボニック・イ

第 14 章　会社の歴史

ンダストリーズ社の企業アーカイブズは、2009 年、ドイツ連邦共和国により国の重要アーカイブズリストに登録された。

　所蔵資料の概略：
- 書架延長 7,000m のファイルと資料
- 膨大な印刷出版物コレクション
- 10 万枚以上の歴史的イラスト
- 数多くの映像と音声記録
- ポスター、図面、古器物など

ドイツ・ハーナウのエボニック・インダストリーズ社アーカイブズの外観

第四部　アーカイブズと経営

会社の歴史
―化学企業にとっての付加価値―

アンドレア・ホーマイヤー

　本稿で私は、なぜ企業アーカイブズが化学企業の付加価値に重要な貢献をなすと考えるかを伝えたい。エボニック・インダストリーズ社アーカイブズが既にこの領域でどのように活動してきたか、またどこに一層の発展性を見いだせるかを述べたい。けれども私たちができていないことを隠しはしないし、なぜできていないかも示したい。

1. エボニック・インダストリーズ社の概要

　最初にエボニック・インダストリーズ社とはどんな企業か、当企業グループがどのようにして発展してきたか、どのような伝統を育んできたか、を説明しよう。私たちは三つの事業―すなわち、化学、不動産、エネルギー―を展開している。中では化学事業が最も重要である。私たちは世界中の100以上の国々で活動しており、社員は3万9,000人に上る。日本では、1969年以来、当社の五つの化学会社が事業を行っている。当グループの結成は2007年1月1日と最近であり、エボニック・インダストリーズ社の社名披露はその9カ月後でしかないが、会社の起源―特に化学事業の起源―は19世紀前半にまでさかのぼる。

　エボニック・インダストリーズ社化学事業部門はそれぞれに伝統を有する五つの化学企業から成り立ち、それらが過去12年の間に合併した。最初に2社―すなわち1873年にフランクフルトで創設されたデグサ社と1938年にルール地方で創設されたヒュールズ社―の合併から始まった。これら2社が1999年に合併し、フランクフルトに本社を置くデグサ・ヒュールズ社となっ

た。これを結婚に例えるなら、ヒュールズ社は1990年代にプレキシガラス製造のローム社を買収しており、いわば家族として同社を引き連れたと言える。2番目の合併は2001年で、デグサ・ヒュールズ社がババリア地方の化学企業SKWトロストベルク社（1908年創設）と一緒になった。この合併の少し前にSKW社はゴールドシュミット社（1847年創設）を買収している。全体で見ると、ドイツ化学企業170年の歴史を統合したことになる。新しい会社名はデグサ社でデュッセルドルフに本社を置いた。2006年に3度目の合併でデグサ社はRAG社に統合され、ルール地方のエッセン市に本拠を置くこととなった。2007年に再度、社名が変更され、エボニック・インダストリーズ社となった。手短かに言えば、会社の概略は以上である。

2. エボニック・インダストリーズ社アーカイブズ

今述べた合併の範囲で、五つの化学会社各社のアーカイブズが一つのアーカイブズに統合された。1999年以来、共有サーバー上の共有データベースで、標準化されたガイドラインに従い、私たちは一つのチームとして作業している。しかし地理的事情から物理的には一つにはなっていない。これは企業アーカイブズに極めて重要な地域的意義を考慮しているためである。統合過程を終え、現在は二つの場所にアーカイブズが置かれている。一つはフランクフルトに近いハーナウ-ボルフガンク企業団地にあり、私はそこでネットワーク全体を管理している。もう一つはエボニック・インダストリーズ社が大きな化学工場を操業しているルール平野北辺に近いマールにある。

エボニック・インダストリーズ社アーカイブズはドイツで最大の企業アーカイブズの一つである。私たちの収蔵資料目録は7,000mに及ぶファイルを対象とし、包括的な—時には完全な—刊行物、宣伝資料コレクションを有する。後者の例として、プレ

第四部　アーカイブズと経営

キシガラス製造のローム社および前デグサ社製薬部門のアスタ薬品工業社からのものがある。私たちは約 5 万点の歴史写真を所蔵し、うち 4,000 点はデジタル化済みである。また私たちは大量の視聴覚資料、たくさんの地図・ポスター・メダル・認証書・博物館資料、その他もろもろを有する。デグサ社およびゴールドシュミット社の起源は 1840 年代にさかのぼり、以来、多くの著名な科学者が先行各社で研究開発してきたので、私たちは 170 年の長きにわたるドイツの産業、経済、社会、研究史を蓄積している。

【図 1】　エボニック・インダストリーズ社 アーカイブズの大収蔵庫内

　私たちのチームは、以前は 11 人のスタッフ—その多くは兼務スタッフ—を擁していた。2011 年には退職予定の二人の専任スタッフを失うことになったので、職員減と作業増に対処するため、2009 年末、私たちは内部に作業グループを設けた。作業グループのメンバーはどの業務が将来、緊急に必要となるか、どのサービスはもはや提供できなくなるか、について調査を実施した。第二のステップとして、全ての業務プロセスの効率性を点検した。このようにして今後に向け、私たちは十全に備え、直面する新しい任務に就くことができると期待している。私にとって、同調査がチームによって遂行され、それ故各メンバーがアイデアを出し成果に関与したことは重要であった。

私たちの組織形態は次に述べるようにやや特殊だが、しかしそれが不都合ということではない。3年前、当社アーカイブズはエボニック・インダストリーズ社子会社のエボニック・サービス社に移管された。ここではコミュニケーション部に属している。部長が私の組織規則上の上司である。企業アーカイブズがコミュニケーション部門の一部であることは特別のことではない。私たちはしばしば広報用資料を提供する。が、重要なことは、他の部署と異なり私たちは、社内各部門に対し支払い請求をしないことである。もしそれをしなければならないとしたら、私たちは存在できないだろう。社内のコストプレッシャーがあまりにも大きいからである。それに代わり私たちは一定の決められた予算を持ち、コーポレート・センターにスポンサーを有する。コーポレート・センター長、すなわち、会社のコンプライアンス責任者が私の機能上の上司である。この配置は適切である。というのは、私たちはコンプライアンスチームと一緒に神経を使うさまざまなテーマで仕事をしてきており、お互いに良く知っているからである。

　コンプライアンスチームのスタッフと同様に、私たちは正統性を保証する。私たちの場合は法律に定められた文書保管期間に従って保証しなければならない。アーカイブズのサービスはコンプライアンスチームが世界中で発表するものの確固とした要素である。コンプライアンス責任者はCEOに直接に報告するので、私たちの評価を少しは向上させてくれる。コンプライアンス責任者がペースを作ってくれると、コーポレート・センターで経営陣と連絡をとり打ち合わせするのが容易になる。

　エボニック・インダストリーズ社は恒常的に変化している会社である。人々の入社、離社が激しい。継続は素早く壊され、復活しないこともある。多くの知識が喪失し、それを再発見しなければならなくなる。この変動——これはわが社に限ったことではない——には、先述した帰結のために、多大のコストが掛かっている。

第四部　アーカイブズと経営

3.「付加価値」ツールとしてのアーカイブズ

　私たちはアーカイブズを「価値ある記憶」と呼び、数年来、この点を明確にするように私は努めてきた。そのために私たちは、社内パートナーに対し、アーカイブズは会社の付加価値に寄与し、またそれを証明できると言ってきている。私たちの基本的任務の一つは会社の知識—歴史的事実に関する知識—の保存である。これによって、会社の過去に関する情報と出来事に関する会社グループ外からの問い合わせに答えることができるようになる。出来事がずっと以前のことであったり、関係者が社内に既に居なかったりして、広報担当者が答えられないことがしばしばある。これらの問い合わせは、ずっと以前に売却済みの昔の工場による土壌汚染、最初に生産されたときに比べ現在はより厳しく検査されるような製品、突然に論争の対象となる古い契約などに関するものなど、極めて厄介な質問であり得る。ほとんどの場合、これらの質問は相当の財政的影響を及ぼす。言い換えれば、もし証拠を提示し立証できなければ、請求に従い金銭を支払うことになる。私たちの管理する文書が助力となって、この種のコストを最小限とすること、さらには避けることができる。これは環境部門のスタッフにも適用できる。用地部門のマネジャーは、今や賢くも私たちに問い合わせてくる。彼らは、私たちが彼らの同僚に何年も前に埋め立て用地に何を運び入れたかについて証拠を提供できたことを知った。この証拠を提示できなければ、当該地方自治体は法的手続きを開始していただろう。しかし証拠の提示により、会社は多額の資金を節約できた。私たちは議論の相手にこの種の例を示し、アーカイブズが会社の付加価値にいかに寄与するかを明確にしている。

　もう一つ別の付加価値への寄与は、私たちが「歴史コミュニケーション」と呼ぶものである。私たちは誰でも、良く準備され

た会社の歴史が類いのない卓越したセールスポイントであることを知っている。競合の激しい時代において、顧客は、良き会社の歴史から品質、信頼性などの価値を受け止める。私たちは以前に数種の歴史マーケティングツールを開発したが、これらは新会社によっても良く認められている。このツールとしてまずドイツ語、英語で刊行されている『歴史ハイライト』（年刊）がある。簡略な説明と写真を用いた『歴史ハイライト』は、わが社の記念すべき年・内容を人々に思い起こさせるもので、世界中のコミュニケーション部門の社員が喜んで活用している。彼らはそれを新聞・雑誌記事、イントラネットおよびインターネット・ニュース、報道用資料などで活用している。ときには『歴史ハイライト』に基づき、各部門が製品、場所などに関わる記念行事を企画し、顧客や社員、ゲストの関心を喚起することもある。

　私たちの歴史ウェブサイト www.evonik.de/geschichte（ドイツ語版）、または www.evonik.com/history（英語版）もまた重要なマーケティングツールである。ウェブサイトの訪問者はビジネス部門の歴史や過去の国家社会主義（ナチ）についてたくさんの発見をすることができる。後者は神経を使うテーマだが、エボニック・インダストリーズ社は、新しい名を冠したからといってこのテーマを隠してはいない。2006年、2007年、2008年に発行した印刷物も大変、評判が良かった。これらは会社の歴史や場所に関するもので、各事業部やコーポレート・センターに提供した。これらのコンセプトと草案は私たちが用意したものである。次のプロジェクトとして CD の出版を考えている。その CD では、20 世紀初頭以来、世界中を旅して記録した社員の報告の抜粋をプロの話し手が読み聞かせることになっている。わが社は興味深い資料を豊富に有しており、それに私たちがコメントを付加することで、聞き手は資料を整理し良く理解できるようになる。

　私は多くの問い合わせ——特に社外からのもの——に応ずることも会社への付加価値と見なしている。ほとんど毎日、問い合わせを

第四部　アーカイブズと経営

受け取るが、中には長くて時間のかかる調査を必要とするものもある。それらはしばしばコミュニケーション部、法務部あるいはコンプライアンスチームから転送されてくるが、その理由は彼らの情報が最新でなく、しかも会社の評価を向上させるため問い合わせには迅速に対処しなくてはならないからである。社内からの問い合わせは、先に私が述べたスタッフ異動の弊害を確信させるものである。さほど以前に起こったことではないのに、もはや誰も記憶していない、あるいは曖昧にしか記憶されていない事柄について質問がよこされる。この場合の付加価値とは、同僚たちが探しものに時間をかけず、私たちに問い合わせることである。これは、同僚たちが例えば以前に多くの努力を傾けて開発したコンセプトを新しいコンセプトのひな型として必要としている場合など、彼らの重複した作業努力を節約することでもある。

　この領域では私たちはもっと付加価値を提供できると考えている。誤ったアプローチが採られている、あるいは理由が何であれ研究チームが前に進めなくなっている時に、研究アプローチに関する過去のアーカイブズ記録を調べることは意味があると調査部長に提言したのもそのためである。現代の知識によれば、この基盤を活用して短時間の間に新しいアイデアを開発することができるだろう。何もない所から始めるのではなく、既になされた所から始めるのである。この考えについて、責任者たちはいまだ懐疑的である。彼らは、そのためにはアーカイブズに誰か研究専門の人を雇用しなくてはならない、と言う。とはいえスタッフ不足の現状ではそれは不可能である。これは機会を無駄にするものであり、私は自分の考えを継続して訴えていきたいと考えている。

　私は、歴史問題マネジメントにも潜在的付加価値を見ており、その最初の一歩を既に踏み出している。アーカイブズの資料を見ていると、現代の視点からは神経を使う事柄を発見することが多い。私たちは、これらのトピックは今後、社会的に取り上げられることがあり得ると結論付けた。このような場合、特に過去のト

238

ピックには、迅速で的確に回答を提供できることが得策である。以来、私たちはこれらのトピックを収集し、どの文書がどのファイルにあるかをメモすることにした。それらを、必要な場合、素早く発見できるようにするためである。理想的には、ある種のチームが質問群とそれに対する最初の見解を起草し、意思決定の時にはその更新のみで済むようにすることである。

　現実には、既にこのような準備が役立つことを証明している。2003年、ベルリンで開催された「殺害されたヨーロッパのユダヤ人記念式典」に、当時のデグサ社が落書き防除のための保護を提供することに関して社会的な議論が引き起こされた。会社はそれに対し迅速に十分な根拠に基づいた声明を発表することができた。それは当社アーカイブズが、デグサ社と国家社会主義（ナチ）の問題について長年、労力を費やしてきており、定型的文書を用意していたからである。現在は時期尚早としても、将来、歴史問題マネジメントが真剣な取り組み課題として確立されると確信している。それは、会社のイメージと信頼性—二つの価値ある側面—が維持されることに寄与する。

4. 文書管理プロセスの重要性

　しかしこのようなサービスを提供するには、一つの大変基本的なこと、すなわち、規則に従った文書ファイルの流れがあり、それを私たちが見て判断し長期保存できることが必要である。長期的視点で重要な文書を受け入れることによってしか、私たちは知識を生み出し、それによって利用者にいつでも必要な情報を提供することはできない。ここにも潜在的な付加価値がある。つまり、アーカイブズは社内文書管理を生かすことができ、それは会社にアーカイブズが定着するのを助けることになる。私たちの場合、これには失敗した。私たちは3年の間、文書保存方針をグループ社内に確立しようと試みた。法務部門と連携し、世界的に妥当な

第四部　アーカイブズと経営

ものにしようとしたが、しかしそれは挫折した。「会社の方針の数はできるだけ最小限に抑えること」が主たる反対意見であった。しかし私は、個々の部門は、文書管理に伴う付加的で確かに複雑な任務、そして付加コストに尻込みしたのだと考えている。今も、多くの経営管理者と社員は、優れた文書管理の重要性を過小評価している。このため、数年前、多くの所で記録の集中管理部門が閉鎖し、以来、社員は自分のファイルは自分で管理する責任を有することになった。その結果は不適切な文書管理、無秩序が支配する地下書庫、何もかもが箱に収められ積み上げられっ放し、である。これが、ある日点検もされずに廃棄されるまで続く。

　付加価値的視点からは、これは幾つもの点で非効率的である。最初に不適切なファイル管理を見てみよう。ドイツの会社員は毎日、日に20分、文書を探すことに費やしているという学術的調査結果がある。これは1年では、各社員のほぼ2週間に相当する。高価な労働時間の甚大な無駄である。社員向けガイドラインがないので、会社はこの状態を受け入れるしかない。無秩序な記録保管所にも責任がある。いずれにしろ、文書でいっぱいになった部屋は高い賃料を招く。昨年、マールの当社アーカイブズの同僚が古い地上防空施設——そこに長年、文書が何十カ所にも分かれて保管されていた——を整理する作業に引き込まれた。彼らは短期間に何百メートルもの文書ファイルを点検しなければならなかった。大半の文書はずっと以前に廃棄できたもので、廃棄しておけばそれぞれの事業部の支払う多額の賃料を節約できた。神経を悩ます活動の結果、当社アーカイブズに保存すべきとされた文書はわずか数メートルのファイルだったことも付け加えておきたい。結果、わが同僚たちは文書管理の専門家として認められたが、彼らがこれからもっと恒常的に相談を受けるようになって欲しいと思っている。

　付加価値あるいはその破壊のテーマに戻ろう。アナログであれデジタルであれ、無秩序なファイリングシステムあるいは記録保

管所は、重要な文書の探索が行われ、しかもそれが発見できない場合は極めて高価なことになる。米国の裁判所が、一定期限内に特定ファイルを提出しない会社に対し高い科料を課して罰することは良く耳にする話だ。

　私がアーキビストとして規則的なファイルの受け入れを確立せねばならないと考えたら、そのシナリオは自分で書かねばならない。幸い、日常的な仕事が私たちを助けてくれる。例えば、2009年、施設管理部が私たちにアプローチしてきた。新しい建物に多数の社員を移動するプランを計画中に、地下だけで6kmもの記録が発見された。新しい建物には地下はないので、大量のファイルは大問題。それで私たちに助力を求めてきたのである。

　私たちは2段階の文書管理プロジェクトを設計した。第1段階では、私たちは担当社員と一緒に全ての文書を検分し、三つのカテゴリーに分類することにした。廃棄、アーカイブズへ移管、保持、の三つである。4.4kmの記録は規則上、原課保持期間中のもので新しい建物に移動すべきと判断された。第2段階で、私たちは一つのプロセスを開発し、それはハーナウの資材部によって実践された。資材部は書架も使える収蔵に適した建物に集中記録管理室を設けた。法律上、保持すべき文書は全てそこで保管されることになった。各部は、自分たちのファイルを自分でデータベースに入力するかあるいは資材部からこのサービスを購入するかの選択肢を持つ。いずれにしろ各部はデータベースから必要なファイルを請求することができ、ファイルは直接、依頼者に届く仕組みである。無論、貸し出されたファイルは記録され、ファイルは使用後、記録管理室に返却される。全てのファイルには、法定保持期間後、廃棄されるかアーカイブズに移管されるかのマーク付けがされている。必要な情報はアーカイブズのイントラネットサイトで見られる。

　2010年夏に開始したこの文書管理プロセスは、資材部の専門知識のおかげで、極めて廉価に提供された。この目的のため、資

第四部　アーカイブズと経営

材部に常勤一人のポストを用意し、アーカイブズは文書管理において専門家であることを確立できた。これは評判となり、ドイツ中の同僚社員が、ファイルの保持・廃棄について質問があるとき、相談のため私たちに連絡してくる。長期的には、これは文書保存方針制定の挫折を埋め合わせるものと期待している。このようなプロセスは外部の記録管理会社に資金が流れることを防ぎ、かつサービスを提供する社員は思慮分別をわきまえているので、会社にとっては申し分の無いことになる。

5. デジタルの挑戦

　もちろん、私たちはアナログ文書だけを考えているのではない。将来―実際のところは現在でも既に―多くの領域において文書はデジタルである。ここでもアナログ同様のプロセスが適用される。多くの会社が分離して運営され、多くの場合、方針が無いので長期のデータ保管は混乱した状態にある。人々は自分に適した方法で実践している。そうしたことの結末については、既に私は述べてきた。電子データのアーカイビングは、私たちアーキビストにとって、以前から挑戦であった。数多くの国内的、国際的な作業グループと会合がフォーマットと保管媒体について議論し、解決を見いだそうとしている。しかし、目に見えるものは何も無い。少なくとも一般的な使用に適した方法はいまだ無い。

　エボニック・インダストリーズ社においても電子アーカイビングについての答えはまだ無い。しかし、会社は課題を意識しており、解決策を見いださねばならないと認識している。なぜならそれは付加価値に関わるからである。既に私たちのアーカイブズは、喜んで連携協力すると言明してきている。協力という点を特に強調したい。というのもこの件では会社のIT部門が最終権限を有するからだ。私たちは刺激を与えてきた。私たちは要件一覧を作成し、IT部門の同僚に提示した。この領域には多くの動きがあ

るので、目標は、相互に調整し、ネットワークを組み、それによってある時期に会社執行部に承認された主要プロジェクトを開始できるようにすることである。短期的な成果は期待できないし、挫折を経験するかもしれない。しかし、将来においてデータを取り扱うことができるように、話し合いを続けること、刺激を与えること、そして参画し続けることが重要である。私たちはこのようにしてしか先に述べたようなサービスを提供し続けることができず、またアーカイブズを付加価値ツールとして長期的に定着させることができない。

Photographs：Corporate Archives, Evonik Industries

第 15 章

地方史か会社史か

多国籍企業海外現地法人アーカイブズ
の責任ある管理

第四部　アーカイブズと経営

エリザベス・W・アドキンス

松崎　裕子 訳

第四部　アーカイブズと経営

エリザベス・W・アドキンス
Elizabeth W. Adkins

CSC 社
グローバル記録と情報管理部部長

　エリザベス・W・アドキンスは米国バージニア州に本部を置くIT 企業 CSC 社のグローバル記録と情報管理部門の部長である。フォード・モーター社やクラフト・フーズ社などの大企業・多国籍企業で 20 年以上、アーカイブズ・プログラムを指揮した経験があり、アーカイブズと記録・情報管理の分野において国際的に広く知られた専門家である。アドキンス氏は、認定アーキビスト（CA）でありまた認定レコードマネジャー（CRM）で、アメリカ・アーキビスト協会（Society of American Archivists, SAA）のフェローである。これまでに SAA の会計責任者と会長、認定アーキビスト協会（Academy of Certified Archivists）会長そして、ARMA インターナショナルの指導者を務めた。現在は ARMA のバージニア州北部支部の教育理事である。

国際アーカイブズ評議会
企業労働アーカイブズ部会

　国際アーカイブズ評議会（International Council on Archives, ICA）は、中立的な非政府組織で、世界中の記録とアーカイブズの専門家の代表が集まり、記録の効率的な管理と、世界のアーカイブズ遺産の保存、管理、および利用を支援することを目的としている。60 年以上にわたり、ICA は、世界各地のアーカイブズに関係する団体や個人を結ぶ役割を果たし、優れたアーカイブズ

管理や記録遺産の物理的保護を推奨し、標準や定評あるベストプラクティスを確定し、国境を越えた知識と専門技術についての対話や相互交流、伝達を促進してきた。ICA は約 195 カ国／地域の 1,500 会員（機関および個人）を擁し、効果的な解決策や柔軟で想像力に富む専門職を生み出すため、文化的多様性に富んだ会員の連携を図ることを基本精神としている。ICA は、ハイレベルな意思決定者と協力する本当の意味での国際機関である。ユネスコ（UNESCO）や欧州評議会（Council of Europe）などの政府間機関とも緊密に連携しつつ、ブルーシールド（Blue Shield）国際委員会のような非政府機関とも密接なつながりを持っている。

　ICA の専門部会の一つである企業労働アーカイブズ部会（Section for Business and Labour Archives, SBL）は、世界の企業史料の保存・活用を支援することを目的としている。SBL は企業史料に関する委員会が発展したものとして、1990 年に設立された。SBL は専門的な関心を共有し、活動を共にする国際的に幅広い企業アーキビストや国立アーカイブズの企業史料の担当者などさまざまな専門家のメンバーを引き付けている。

ICA SBL 委員会 2010 年フランスにて（Photograph：ICA SBL）

第四部　アーカイブズと経営

地方史か会社史か ―多国籍企業海外現地法人アーカイブズの責任ある管理[1] ―

エリザベス・W・アドキンス

はじめに

　多国籍企業の現地法人の歴史に利害関係があるのは誰だろうか。その答えは私たち全て、つまりアメリカ、ヨーロッパ、そしてそれ以外の場所の、企業、地域社会、アーキビスト、そして歴史家たちである。しかし、誰の利害関係が最も重要であるかに関してはさまざまな見方がある。

　アーキビストたちは最近になってようやく、多国籍企業のアーカイブズ記録の管理を組織的に行うという提案に取り組み始めたところである。ある一つの理想的な方法が一般的合意を得ているわけではないのだが、その成果に関心を寄せる多方面の人々のニーズと見方を理解することが必要である。ベストプラクティス[2]を特定し検討する近年の試みは、この問題の意味を明らかにするのに役立ってきた。その結果、アーキビストたちは、しばしば相対立する関係者の考え方はもちろんのこと、限られた資源、法制度や言語や文化の違い、地理的隔たり、職業上の標準、そして電子記録といった問題の解決に着手することができるのである。

　本報告ではこのテーマに関心を寄せる人々のさまざまな考え方を論じる。そして企業アーキビストとしての私の観点から、関連するいくつかの問題を探る。

1. さまざまな観点 ― 企業（Corporate）対 地域社会（Community）

　多国籍企業の観点からすると、多国籍企業の記録は企業の私的

財産である。記録に含まれる地域社会的関心や歴史的な興味は二次的なものと見なされるべきものである。企業は自分たちの記録を、業務を管理するために作り出された団体資産（collective assets）、時として、記録に含まれる情報を収集し、組織化し、管理するために莫大な資金と労力を注ぎ込んで得られた団体資産であると見なす。

企業は自分たちの記録がどのように管理され提供されるかについて、多くの合理的な懸念を抱いている。つまり、企業は事業を展開し、規制や法律そして財政上の要件に応えるために、自分たちの記録にアクセスしたり、記録を生み出したりすることができなければならない。顧客、従業員、取引先のプライバシーを保護しなければならない。企業は自分たちの記録に含まれる法律上の秘匿特権付情報（privileged communications）[3]を守らねばならない。（法律上の秘匿特権付情報にあたる通信とは企業の顧問弁護士と従業員の間で取り交わされたもので、その記録には法律上の意見が求められていたり提供されていたりする。もしそれらの通信のどれかが社外の何者かに提供された場合、その企業は顧問弁護士との通信全てを非公開に保つという能力を失うかもしれないのである。）企業は訴訟や企業の名声に対するメディアの攻撃に応えて、自分たちを防衛するために記録を利用することができなければならない。企業は自分たちの商標権や他の知的財産権を保護することができなければならず、場合によってはそれらからライセンス収入を生み出すことを選択するかもしれない。

海外現地法人が拠点とする地域社会や政府機関もまた、いくつもの要因に基づいて、現地法人の記録に関わりがあると主張する。一つの要因は経済的な影響力である。つまり、海外現地法人は地域社会に対して経済的影響力、場合によっては長期にわたる影響力を持つ。もう一つの要因は成長である。海外現地法人は地域社会の成長、発展、あるいは衰退の一因となってきた。第三の要因は資源である。現地社会は土地、資材、そして従業員を企業に提

供する。最後に、共有遺産（shared heritage）という要因がある。地域社会の歴史は、海外現地法人の歴史や、現地法人が位置する地方や国の歴史と密接に絡まり合っている。

　企業と現地社会の双方が海外現地法人の記録に正当な利害を持っていることは明らかである。

2. さまざまな観点 ── 歴史家（Historians）対 企業アーキビスト（Corporate Archivists）

　歴史家と企業アーキビストはどちらも企業のグローバルな記録がどのように管理されるのかに関心を持っているが、その理由は異なっている。歴史家は企業が事業を行っている現地社会の中で企業が果たしてきた役割を文書で証明することに関心がある。歴史家にとっては、企業が内部利用のために記録を保存するだけでなく、学術研究者に対して記録の利用を可能にすることが重要なのである。

　企業アーキビストの最大の関心事は企業に奉仕することだが、自分たちの管理下にある記録に対する歴史家の関心にしばしば共感を寄せる。所蔵資料に対するアクセスを許可するか否かを考えるとき、企業アーキビストは歴史家の利益にはならないかもしれないような、多くの要因を考慮することになるだろう。例えば、業務サービスに直接関連しない社外からの要望を扱うには時間的人的資源が限られていること、記録に含まれる私的情報、個人的情報、法律上の秘匿特権付情報、あるいは取引上機微に関わる情報といったものに対する懸念、そして企業記録へのアクセスを要求する外部研究者の正当性や動機あるいは公平性といった要因がある。

　その結果、多くの企業アーキビストは所蔵資料を外部の研究者には閉ざすという選択を行うか、さもなければ所蔵資料に対する限定的なアクセスしか与えないことを選ぶのである。

3. さまざまな観点 ― 保存機関（Repositories）対企業アーカイブズ（Corporate Archives）

　ある企業の永続的な保存価値を持つ記録資料は最後には企業内のアーカイブズ部門（署）に移されるかもしれないし、社外の収集保存機関（collective repositories）に移管されるかもしれない。ここにも考え方の相違が存在する。保存機関のアーキビストは、より広範な研究者グループに対して企業のアーカイブズ記録を利用可能にしていくべきだ、という意見を持つことが多い。記録に対するアクセスを提供するにあたって取捨選択を行うことは、保存機関のアーキビストの役割ではないし、好むところでもない。

　企業アーキビストは、誰をアーカイブズに立ち入らせるか決定するときには、注意深く選定することが絶対に必要だと考える。後々著書や論文の中で文脈を無視してアーカイブズ記録を引用して企業を攻撃する人間に、企業アーキビストがアクセスを許可するならば、それは企業経営者からの支援や資金の途絶、あるいはアーカイブズの閉鎖まで意味する可能性がある。企業アーキビストは外部の研究者のアクセスを主張する必要性よりは、内部でアーカイブズを発展させ擁護する必要性をより一層感じている。

　さらに、企業アーキビストが企業のニーズに奉仕することを当然のこととして強調することは、保存機関アーカイブズ（repository archives）におけるのとは違った評価・収集戦略をもたらす。企業アーカイブズはマーケティング、広報、法律活動を支援する記録を収集する傾向があって、これらの部門は企業アーカイブズのサービスを最も頻繁に利用している。

　収集に関する優先順位にもよるが、保存機関のアーキビストはある特定の企業とその製品あるいはサービスに関する高次の概括的記録か、またはその企業の全活動に関する、より包括的な記録を選別・収集するであろう。

第四部　アーカイブズと経営

4. さまざまな観点 ── アメリカ合衆国 対 ヨーロッパ

　米国では、企業の記録を収集するという課題に前向きにうまく取り組んでいる保存機関はあまりない。資金は限られ、そして記録の量は圧倒的であろう。ヨーロッパでは、企業記録収集に特化した多くの保存機関が存在し、多くの場合これらの保存機関は（ノルウェー国立公文書館のように）国家的使命を持ち、場合によっては政府資金によって運営されている。

　企業アーカイブズは米国においては、なくてはならないものではない。アーカイブズを持つ企業にとって、企業アーカイブズとは私的な財産であり会社の資産であるというのが一般的な見方である。ヨーロッパでは、企業の記録はしばしば国民的文化遺産（national cultural heritage）の一部であると考えられている。国民的文化遺産への注目はヨーロッパに限ったものではない。カナダでは、「トータル・アーカイブズ（total archives）」と呼ばれる概念に具体化されている。この「トータル・アーカイブズ」の概念はカナダ国立公文書館[4]と数多くの公的保存機関によって採用されている。「トータル・アーカイブズ」概念は企業の記録が国民的遺産の一部であり、公的保存機関がその収集方針に私的な記録を含めることは適切であると認めている。

　このように多様な観点がある結果、多国籍企業の海外現地法人の記録を管理するのに適した手続きを定めることは複雑なことなのである。

5. アーカイブズ記録のためのベストプラクティスを見いだす

　多国籍企業海外現地法人のアーカイブズ記録管理でのベストプラクティスを特定する試みが、最近二つほど行われた。一つは国際アーカイブズ評議会（ICA）企業労働アーカイブズ部会の運営委員会によって開発されたものである。もう一つはクラフト・フー

ズ社アーカイブズが行ったベンチマーキング[5]調査である。

5.1. ICAレポート

　ICAの企業労働アーカイブズ部会は、企業アーカイブズに権限を与える法律、企業の記録を収集する主要な保存機関、企業の記録への主たる手引き、そして企業アーカイブズ問題を扱った定期刊行物や文献、などを国別に確認しながら、企業の記録に関する国際的なアーカイブズ実務を調査した。

　ICAレポートは主として収集保存機関（collecting repositories）、とりわけヨーロッパの収集機関の視点から書かれたものである。このレポートは私的財産を保護しようとする企業の関心と、企業が事業展開する国々での研究者と国民の企業情報に対する関心の間に緊張関係があることを認めている。このレポートは、国民的文化遺産の一部としての企業アーカイブズ、というコンセプトを強く打ち出しており、最高経営責任者たちがまず自分たちの記録を保持するように、次いで記録を外部の研究者に公開できるように議論を提起すべきだと述べている。

　ICAレポートは多国籍企業における最善の、もしくは望ましいアーカイブズ実務のための三つの基礎的指針を提案している。一つには、最高経営責任者は企業の記録に責任を持つ必要があるということである。これは企業外の研究者が企業の記録を精査することができるように専門的な人員と公開に関する指針を提供するという責任を含む。第二に、可能な限り、アーカイブズ記録は作成された国に残されるべきであるということ。そして最後に、もしアーカイブズ記録が作成された国から移管されねばならない場合は、記録作成国の研究者に対して低コストで公開されるべきであるというものである。

第四部　アーカイブズと経営

5.2. クラフト・フーズ社ベンチマーキング調査

「グローバル・アーカイブズ・プログラムの最高水準ならびにベストプラクティス」と題されたクラフト・フーズ社アーカイブズによる委託研究では、ベストプラクティスに関して違った見方を提示している。この研究は、グローバルな（アーカイブズ）プログラム[6]を企業に最大限利益をもたらすべく運営しようと試みている企業アーキビストの観点から執筆されている。この研究では、企業内部の記録へのアクセスを外部の研究者に保障すべきか否か、という論点は扱っていない。

さまざまなテーマに関する実務について、米国ならびにヨーロッパを拠点とする組織を含んだ九つの組織について調査が行われた。取り上げられたテーマは、グローバルな企業アーカイブズ・プログラム運営に付随する複雑性についていくつかのアイデアを提起しており、次のようなものを含む。合併や買収が企業アーカイブズ・プログラムにどう影響するか、多数言語を用いた記録への対処戦略、電子記録管理とデジタル資産の利用、グローバルなアーカイブズ・プログラムを集約化または分散化する利点、そして内部ならびに外部に対して提供されるレファレンスサービスの性質などである。

この研究がベストプラクティスとして特定したのは次のものである。集中型の方針と手順によって管理される分散型のアーカイブズ・プログラム、特定の優先順位を定めた収集方針、企業の記録管理業務との密接な連関性、そしてアーカイブズ部署ごとに最低一人の専門的アーキビストを配置することである。

6. クラフト・フーズ社ベンチマーキング調査が提起する経営上の問題点

ベストプラクティスに関する二つの取り組みは、どちらも問題

第15章　地方史か会社史か

点を明確にするのに役立っている。クラフト・フーズ社ベンチマーキング調査が提起する問題を探ってみたい。

最も重要な問題として考慮すべき点の一つは、集中型のアプローチを選択すべきなのか、分散型のアプローチを選択すべきなのか、という問題である。集中型アプローチでは、アーキビストは親会社本部に記録を移管することによって、企業のグローバルな活動を示す記録を特定し積極的に収集しようと努める。分散型アプローチでは、アーキビストは世界中に存在するその企業にとって重要な地域や市場で、「サテライト」アーカイブズ・プログラムを作る。そのため地方的な記録は地元に残される。

（企業の）アーカイブズ記録を国の遺産の一部と見る論者は、分散型のアプローチに賛成して、子会社の記録をそれが生み出された国に留め置く必要性を強調する。時として、国の法律がこれを不可避とする。なぜならば（その場合）記録を自国から持ち出すことができないからである。企業内で分散型を支持する議論はさらに、記録が最も必要とされる最適な場所からのよりよいアクセス、記録を探し出しアーカイブズへ移管するためのより高度な能力、そして地元の法律や規定のなおいっそうの順守、などの点を含む。

ところが企業アーキビストにとって、この問題はより多くの考慮すべき変数を持つ、もっと複雑なものである。例えば、企業アーキビストは、地球のかなたは言うに及ばず、「自」国においてアーカイブズ記録を適切に管理する資源をほとんど持っていない。集中型を支持する議論はさらに、規模の経済のメリット、記録の編成と記述における一貫性、そしてプログラムの継続性を含む。同様に、多くの場合、分散型の原理ではアーカイブズ記録を保管し、保存し、そしてサービスに供する基盤が端的に存在しないのである。とりわけ、頻発する買収や再編に直面した場合にはそれがいえる。

第四部　アーカイブズと経営

6.1. 集中型対分散型：実践的な観察と経験からの教訓

　私は、記録を編成・記述・管理する方法において一貫性を与えてくれる共通方針と共通の手続きを用いるものであれば、分散型アプローチを支持してきた。しかしながら、これは理論的な管理モデルであって、私の知る限りこのモデルを実践している企業アーカイブズは存在しない。このモデルを文字通り実践に移せば、疑いなく予期せぬ欠点をあらわにするだろう。たいていの企業は相当違ったタイプの分散型アーカイブズを持っている。これらは世界中に広がるさまざまな地域に存在する保管エリアを備えた事実上のアーカイブズである。時たまこれらの保管エリアはアーキビストによって管理されることもあるが、たいていはそうではない。このような保管エリアを見つけ出し、その内容を評価することだけでも一つの難題なのである。

　フォード・モーター社では、数年前に分散型プログラムの検討を始めた。しかし予算の制約からこのプランは凍結せねばならなかった。私たちは再度この考えを見直して、実行にあたって克服しなければならないいくつかの課題に気付いた。私たちはスタッフを備えたアーカイブズ保存所（archival repositories）が世界に7カ所、スタッフ不在の保存所1カ所が存在することを確認した。他に未確認のアーカイブズ保存所もかならず存在する。私たちが確認したもののうち、二つはイギリスのヘリテッジ・トラスト[7]であり、これらのトラストには公的な義務があって、私たちの保存所がそのトラスト内でどのように管理されねばならないかに関する規則も存在する。アーカイブズ保存所の一つはボルボグループにある。フォード・モーター社はボルボグループの自動車部門ボルボ・カーズ社を1999年に買収したが、ボルボ・トラックス社は買収しなかった。ボルボ・トラックス社の従業員の一人はボルボ・カーズ社とボルボ・トラックス社両社のアーカイブズ記録

を管理している[8]。もう一つの保存所はマツダ株式会社にある。フォード・モーター社はマツダ株式会社の株式の33.4%を保有しているが[9]、これはフォード・モーター社の方針と手順を義務付けるには十分ではない。

　このような状況の下、これらのアーカイブズ保存所の管理を、共通のプロセスと標準に合致させることは一体全体ふさわしいことであろうか。あるいはプログラムのある側面を取捨選択して統合することは意味があるだろうか。フォード・モーター社の世界本部からの「干渉」と見なされがちなものを、これらの保存所はどの程度不快に思うだろうか。これらの保存所が直面する特殊な要件や経営事項を、ミシガン州ディアボーンにある私たちの見晴らしの利く地点から完全に把握し、正しく評価することができるだろうか。多くの保存所のスタッフはアーキビストとしての訓練をまったく、あるいは不十分にしか受けていないという事実に対して、私たちはどうするのだろうか。これらの保存所が記録を管理するのによりよく働けるよう支援するためには、人材、インフラ、そして技術おのおのに投資することが必要である。責任ある支援を提供するのに十分なくらい私たちの予算は増加し得るであろうか。

6.2. 他の経営課題：
　　グローバルなアーカイブズ・プログラムを見渡す

言語：ビジネスの言語は英語だが、かなりの量の商用通信、マーケティングとセールスの文献、そして従業員のコミュニケーション資料の多くは多種多様な言語によるものであろう。集中型のプログラムでは、例外的に多言語に精通した有能なアーキビストを配下に持たない限り、これらの記録は企業全体にとって事実上はアクセス不能であり、それゆえ体系的に入手され得ない。分散型プログラムにおいてこそ、これらの資料はよりうまく収集・保存される見込みがある。そこでは地元のアーキビストはその地方の

第四部　アーカイブズと経営

言語に精通しているだろう。

地域的・全国的対象範囲：フォード・モーター社のような大規模な多国籍企業は世界中の多くの地域で操業している。分散型のプログラムはそれらすべての国々にサービスを提供するために適切な数の保存所を設置することができるだろうか。おそらくできないだろう。もっと実際的な解決方法は地域的なアーカイブズ・センターを設置することである。ただし、地域的なセンターでの保管のために、記録が作成された国から移管するに際しての課題が相変わらず残るであろう。同様に、集中型のプログラムはいかにしてアーカイブズ資料を適切に特定し、企業が業務を行う全ての市場から収集して移管するのだろうか。

専門的訓練と標準：アーカイブズ専門団体は教育やアーカイブズの実務に対する国際的な標準を開発していない。それゆえ、分散型の業務では、世界中のあちこちのアーキビストは本国のアーカイブズによって確立された方針と実務について訓練されていなかったり、それらを完全に理解していないかもしれない。

買収と再編成：買収されたり処分された現地法人やブランドの記録をどのように適切に管理するかについて、取り決められた標準はない。処分された現地法人の記録をもともとの地域に返還するのがよいのだろうか。あるいはその記録を新たな所有者に渡す方がよいのだろうか。あるいは、もともとの会社の歴史の一部としてブランドまたは子会社を設立した親会社のところに残す方がよいのだろうか。グローバルな企業アーカイブズにおける分散型アプローチの場合、記録を処分することが望ましい選択肢とするならば、より容易に実行することができる。

電子記録：全てのアーキビストは長期間にわたるデジタル記録の保存という考えと格闘している。いくつかのデジタル保存戦略が提案されてきたが、どれも技術における変化を克服するのに容易な解決方法を特定していない。技術における変化は、相対的には短期間のうちに電子記録を陳腐化し読解不能にする。デジタル保

存に対処するのに必要なコストと専門的知識のために、電子アーカイブズ記録は分散型に比べて集中型による方がよりよく管理される。電子記録は多くの手ごわい挑戦を提起する一方で、国境を越えてアクセスしやすいという本質的な利点を一回きりの投資でもたらす。

私がこの論考の草稿を尊敬する同僚マーク・グリーン（ワイオミング大学アメリカン・ヘリテッジ・センター長）に読んでもらった時、彼はいくつかの興味深い考えを示してくれた。

「電子環境は全てを変えるかもしれない…。分散型モデルの登場はある意味で遅すぎたのだろうか？　つまりこのモデルは過去の記録にのみ適しており、現在および将来の記録には適さないのだろうか？電子環境は、企業にとって初めて、現地事務所にはその記録とまったく同一のコピーを残すことにより現地の法律に忠実に従いながら、現地法人の記録を企業本部に『取り込む』ことを可能にするのではないか？電子環境は、企業が喜んで『歴史的』資料を外部者に提供する、あるいは提供できることの可能性を高めるのだろうか低めるのだろうか？それはより少ない人的資源しか必要としないが、企業が公開を望まないもっと多数のこまごまましたものを研究者が探し出すことを可能にするかもしれない」

言い換えると、電子記録は集中型対分散型に関する全ての議論を覆す。そしてこのテーマは私がこの報告で提示できることに比べて、さらなる探求に値する。

7. 結　論

ICAレポートとクラフト・フーズ社のベストプラクティスレポートの著者たちのさまざまな考え方の違いにもかかわらず、両者は共に企業アーカイブズ管理に対する分散型アプローチを推奨

第四部　アーカイブズと経営

している。適切に構成されたグローバルプログラムが費用の点は言うに及ばずおびただしい課題を抱えているにもかかわらず、私もどちらかといえばこの結論に同意する。さらに二つの研究は成功のためには専門的人材の配置と支援が不可欠であると結論付けている。外部の研究者がアクセスできるかどうかという点の強調の度合いでは、両者は異なっている。ICA は外部からのアクセスをベストプラクティスとして推奨する一方、クラフト・フーズ社のベンチマーキング調査はこの点に関して中立的である。

これらの二つのレポートは、専門家たちが企業アーカイブズ管理へのグローバルなアプローチをどうやって形成していくのかという考えを前進させるのに大きく役立った。ICA レポートは現存する保存機関、資源、関連法規ならびに慣習に関する幅広い比較研究である。他方、クラフト・フーズ社の調査は実業界のビジネス・アーキビストの実務と関心を集約して分析している。

まとめるならば、これらの研究は私たちが直面する課題、すなわち利害関係者の要求間のバランスをとって、文字通り地球大に広がる経営課題を解決することの意味を明らかにしたのである。私たちは解決策を創出するために共に働きながら、全ての利害関係者の利害を自覚し、それに対して敏感でなければならない。これこそが、グローバルな規模で信頼し得る持続可能な企業アーカイブズ管理を遂行する唯一の道なのである。

[注]
1) この報告はもともと 2004 年 6 月 8 日にノルウェーのスタバンガー（Stavanger）で開催された「グローバルビジネス：地方の文化遺産」会議で発表された。これは後に 2004 年 8 月 25 日の国際アーカイブズ評議会（International Council of Archives: ICA）大会で発表され、同評議会企業労働アーカイブズ部会（Section for Business and Labour Archives: SBL）によって準備された「ビジネス・アーカイブズ国際比較（*Business Archives in International Comparison*）」の報告に収められた。
2) [訳注] ベストプラクティス：業界内外の最も効果的、効率的な実

践の方法。最優良事例。
3）［訳注］秘匿特権付情報とは、英米法において弁護士とクライアント、夫と妻、牧師や神父など聖職者と罪を悔いる人、医者と患者といった、信頼関係を前提とする間柄において、書面または口頭で交わされ、送り手と（送り手の許可がない限り）受け手が証言や開示を拒否することのできる情報。
4）［訳注］本報告発表の直前、2004年5月21日に、カナダの国立図書館と国立公文書館が統合して、カナダ国立図書館・公文書館（Library and Archives Canada）が発足している。「トータル・アーカイブズ」の概念は、この統合に先立ってカナダ公文書館などが提唱してきたものであるので、ここでは原文のままの「カナダ国立公文書館（National Archives of Canada）」とした。
5）［訳注］経営の質と実績向上のため、ベストプラクティスと自社の業務方法とを比較し、現行プロセスとのギャップを分析、自社にあったベストプラクティスを導入・実現し、現行の業務プロセスを改善する体系的な経営変革の手法。
6）［訳注］原文は global programs。
7）［訳注］慈善・公益（この場合は歴史遺産保護）を目的とした、英国における非営利団体の一種。
8）［訳注］ボルボ・カーズ社はその後2010年に浙江吉利控股集団に売却された。
9）［訳注］その後フォード・モーター社の持ち株比率は低下し、2010年11月現在マツダ株式会社全株式の3.5%を保有。

あとがき

　本書を読むと、企業のDNAを経営につなげている会社が多いこと、長寿企業は歴史を大切にして営業に生かしていることなど、会社の歴史の活用がその会社の現在を作り出す姿が浮かび上がってくる。企業の歴史資料は、社史の編纂のためだけのものでなく、まして経営史研究者のためだけのものではないことが、本書では雄弁に語られている。ビジネス・アーカイブズの活用によって、会社の現在および将来の経営課題への取り組みを支援し、会社が地域社会などに対して社会的責任を果たすことにも貢献している事例集として、本書は読むことができる。

　本書の編集にあたったのは公益財団法人渋沢栄一記念財団実業史研究情報センターである。財団は、渋沢栄一の顕彰、および栄一が唱えた「道徳経済合一主義」に基づく経済道義の昂揚を目的としている。その中で実業史研究情報センターは渋沢敬三の「実業史博物館」構想に基づき、渋沢栄一を同時代の文脈の中で研究できるよう、栄一関連を中心に近代日本の種々の資料を情報資源化する活動を行っている。ビジネス・アーカイブズ振興もセンターの活動の大きな柱である。民間の企業・団体における企業史料管理、アーカイブズ機能の適切な実践は、「道徳経済合一主義」を達成する具体的な一手段と位置付けられるからである。本書はビジネス・アーカイブズ探求の成果の一つで、ここに表わされているようなアーカイブズのさまざまな可能性を日本においても広く知っていただくことを願って編纂した。

　本書の源流は、2007年5月に東京大学で行われた「日米アーカイブセミナー」にある。参加者のビジネス・アーキビスト、ベッキー・ハグランド・タウジーさんとの出会いが直接的なきっかけとなって、実業史研究情報センターはビジネス・アーカイブズの国際的なネットワーク、国際アーカイブズ評議会（ICA）の企業

あ と が き

労働アーカイブズ部会（SBL）に連なることになり、松崎裕子を部会運営委員に送り出した。そしてそのことが2011年5月のビジネス・アーカイブズ国際シンポジウムの開催へとつながった。本書はこのシンポジウムをきっかけとして編まれたものではあるが、世界のビジネス・アーカイブズの現在を伝える、初の日本語書籍にふさわしいように、シンポジウムでの報告以外にも欧米やアジアの一流の企業アーカイブズの活動についての報告を収載した。

本書の中で、このシンポジウムで発表された報告は、モーゲン、王、オーランド（代読）、ピノ（代読）、タウジーの各論文である。シンポジウム発表原稿に修正を加えたものは、ボンデュー、青木、リッチー、パターレであり、来日中止になったカプールの論文は、本書のために特別に寄せられた。ローガン＆マッカーシー論文は、*Business Archives Principles and Practice*（Number 100, May 2010）に掲載の "Commercial Impact of an Archive Exhibition"（p. 41-52）、ラーサウィッツ論文、ビエリ論文、ホーマイヤー論文は、2010年5月にサンゴバングループ主催によりフランスのブロワで開催されたビジネス・アーカイブズ国際シンポジウム「会社の記憶、経営に奉仕するツール」における講演をもとに本書のために書き直されたもの、アドキンス論文は、ICA/SBLでウェブ出版された報告書 *Business Archives in International Comparison*（企業アーカイブズ国際比較）（2004年）に収められたものである。この16人の著者たちは、本書に論文を収載することを快く承諾し、翻訳・編集作業中の問い合わせにも迅速に回答してくれた。記して感謝したい。

日本初のビジネス・アーカイブズ国際シンポジウムは、前年から準備を重ねてきたものの、2011年3月11日の東日本大震災とそれに続く原子力発電所の事故の影響で、直前まで開催が危ぶまれた。無事開催できたのは、共催者であるICASBLの部会長ディディエ・ボンデュー氏、および企業史料協議会の強い支持のおか

げである。ただ、参加予定者の来日中止が相次ぎ、プログラムが最終確定したのは、開催の数日前であった。このシンポジウムの開催には、本書巻末掲載のプログラムに記載されている通り、国際交流基金から助成を受け、また、多くの機関・団体・会社から協賛、後援、協力の形で支援を受けた。あらためてここに謝意を表す次第である。

　シンポジウムの成果をさらに肉付けし充実させて本書にまとめるにあたっては、15人もの翻訳者にご協力いただいた。原著者は必ずしも英語を母国語とする人ばかりではない。それぞれの特徴ある英語を分かりやすい日本語に訳す作業に、熱意をもって取り組んでくださった翻訳者の方々にも、厚くお礼を申し上げる。

　本書の編集には、公益財団法人渋沢栄一記念財団 実業史研究情報センターの松崎裕子、セラ・アン・マントン、そして小出があたった。とくにマントンは、原著者とのコミュニケーション、章扉においたプロフィールの翻訳、英語論文の細かいニュアンスの解釈・点検、写真の調整などを担当し、大きな戦力であったことを記しておく。

2012年1月末日
公益財団法人渋沢栄一記念財団
実業史研究情報センター長

小出 いずみ

参考　国際シンポジウム　プログラム

ビジネス・アーカイブズの価値
─企業史料活用の新たな潮流─

2011年5月11日（水）　9:30 ～ 17:30
会場　国際文化会館講堂

主　催

　公益財団法人 渋沢栄一記念財団
　企業史料協議会
　国際アーカイブズ評議会 企業労働アーカイブズ部会
　（ICA/SBL）

後　援

　社団法人 日本経済団体連合会
　東京商工会議所
　独立行政法人 国立公文書館
　日本アーカイブズ学会
　記録管理学会
　ARMAインターナショナル東京支部
　全国歴史資料保存利用機関連絡協議会
　専門図書館協議会

協　賛

　株式会社 ニチマイ
　株式会社 インフォマージュ
　株式会社 DNP年史センター

助　成

独立行政法人 国際交流基金

技術支援

アカデミック・リソース・ガイド株式会社

プログラム

9:30	開会の言葉	小出いずみ
		（公益財団法人渋沢栄一記念財団）
9:35	主催者挨拶	小松諄悦
		（公益財団法人渋沢栄一記念財団）
9:45	主催者挨拶	歌田勝弘　（企業史料協議会）
9:55	主催者挨拶	ディディエ・ボンデュ　（ICA / SBL）

10:05　**第1セッション：歴史マーケティングの力　1**

10:10　「より広い見方：今日のコミュニケーションを歴史的事実で支える」

　　　　ヘニング・モーゲン　（A.P. モラー・マースク社）

10:35　「会社の記憶：経営のツール、サンゴバン社の例」

　　　　ディディエ・ボンデュ　（サンゴバン社）

11:00　休憩「パネルディスカッションへのテーマ提言」回収

11:10　**第2セッション：歴史マーケティングの力　2**

11:15　「日本の伝統産業とアーカイブズ：虎屋を中心に」

　　　　青木直己　（虎屋文庫）

11:40　「アンサルド財団：アーカイブズ、トレーニング、そして文化」

　　　　クラウディア・オーランド　（アンサルド財団）

　　　　（代読：松崎裕子）

12:00　昼食「パネルディスカッションへのテーマ提言」回収

13:30	**第3セッション：企業史料とナショナル・ストラテジー**
13:35	「資産概念の導入と中国における企業記録管理へのその効果」 王嵐　（中華人民共和国国家档案局）
14:00	「ビジネス・アーカイブズのためのナショナル・ストラテジー：イングランドとウェールズ」 アレックス・リッチー　（英国国立公文書館）
14:25	休憩「パネルディスカッションへのテーマ提言」回収
14:35	**第4セッション：アーカイブズを武器に変化に立ち向かう**
14:40	「誇り：買収・統合後における歴史物語の重要性」 ベッキー・ハグランド・タウジー　（クラフト・フーズ社）
15:05	「企業という設定のなかで歴史を形づくる：ゴドレージ社のシナリオ」 ヴルンダ・パターレ　（ゴドレージ社）
15:30	「合併の波の後で：変化への対応とインテサ・サンパウロ グループ・アーカイブズの設立」 フランチェスカ・ピノ　（インテサ・サンパウロ銀行） （代読：ベッキー・ハグランド・タウジー）
15:50	休憩「パネルディスカッションへのテーマ提言」回収
16:10	**第5セッション：パネルディスカッション** 司会：松崎裕子　（渋沢栄一記念財団、ICA／SBL）
17:30	終了

（当日配布のまま）

翻訳者プロフィール（五十音順）

大貫 摩里（オオヌキ マリ） 第8章
日本銀行金融研究所　主査

1990年立教大学経済学部経営学科卒業、日本銀行入行。著作などに "Research on financial and monetary history based on the records of the Bank of Japan Archives: a note"（*Financial History Review* Volume 17, Issue 02, 2010)、『高橋是清　日本のケインズ　その生涯と思想』リチャード・J・スメサースト著（共訳）（東洋経済新報社、2010年）ほか。

古賀 崇（コガ タカシ） 第6章
京都大学附属図書館研究開発室准教授、日本アーカイブズ学会委員

国立情報学研究所助手・助教などを経て現職。学習院大学大学院アーカイブズ学専攻非常勤講師。著作などに『入門・アーカイブズの世界』（共訳、編集担当）（日外アソシエーツ、2006年）、「日米のアクセスを比較して」（小川千代子・小出いずみ編『アーカイブへのアクセス』日外アソシエーツ、2008年、所収）ほか。

小谷 允志（コタニ マサシ） 第1章
（株）出版文化社アーカイブ研究所所長

（株）リコー、日本レコードマネジメント（株）を経て現職。前記録管理学会会長、元 ARMA 東京支部会長、日本アーカイブズ学会会員。著作などに『今、なぜ記録管理なのか＝記録管理のパラダイムシフト』（日外アソシエーツ、2008年）、『情報

公開を進めるための公文書管理法解説』(共著)(日本評論社、2011年)、『入門・アーカイブズの世界』(共訳)(日外アソシエーツ、2006年)ほか。

後藤 佳菜子(ゴトウ カナコ) 第12章

帝国データバンク史料館学芸員

　2003年成蹊大学文学部卒業。2005年株式会社帝国データバンク入社。著作に帝国データバンク史料館・産業調査部編『百年続く企業の条件』(共著)(朝日新聞出版、2009年)、前川洋一郎・末包厚喜編著『老舗学の教科書』(共著)(同友館、2011年)。

後藤 健夫(ゴトウ タケオ) 第12章

帝国データバンク東京支社調査第1部所属

　2006年慶應義塾大学環境情報学部卒業。同年11月よりPacific Gateway International College(カナダ、バンクーバー)に留学、2008年4月より11月までインターンシップとしてLivingstone International社(バンクーバー)で就業体験。2009年株式会社帝国データバンク入社。

中臺 綾子(ナカダイ アヤコ　旧姓 倉田) 第13章

学習院大学大学院人文科学研究科アーカイブズ学専攻博士後期課程、日本アーカイブズ学会委員

　2004年神奈川大学大学院歴史民俗資料学研究科博士前期課程を修了。その後、国立公文書館、千葉県文書館での業務を経て、東京電力株式会社電気の文書館に学芸員として勤務。2010年4月より学習院大学大学院博士後期課程に在籍。専門は企業アーカイブズ論。

中山 貴子（ナカヤマ タカコ）第 4 章

　独立行政法人国立公文書館　統括公文書専門官室公文書専門員
　　1999 年一橋大学法学部国際関係課程卒業、2002 年シカゴ大学大学院社会科学部国際関係論修士課程修了、2004 年ニューヨーク大学ロースクール修士課程修了（国際法）。ニューヨーク州弁護士。2011 年より現職。

平野 泉（ヒラノ イズミ）第 2 章

　立教大学共生社会研究センター学術調査員、日本アーカイブズ学会委員
　　1986 年上智大学外国語学部ドイツ語学科卒業。2010 年 3 月、学習院大学大学院人文科学研究科アーカイブズ学専攻博士前期課程修了。同年 4 月より同専攻博士後期課程に在籍。2010 年 4 月より現職。主として住民・市民運動体のアーカイブズを取り扱っている。

松崎 裕子（マツザキ ユウコ）第 15 章

　公益財団法人渋沢栄一記念財団　企業史料プロジェクト担当、ICA/SBL 運営委員
　　学術博士（名古屋大学）。著作に「近年の海外における企業アーカイブズをめぐる動向と企業史料専門アーキビスト」（『企業と史料』7 集、2011 年）、「ビジネス・アーカイブズの課題」（『レコード・マネジメント』第 57 号、2009 年）、「日本の企業史料」小川千代子・小出いずみ編『アーカイブへのアクセス』（日外アソシエーツ、2008 年、所収）など。

松田 正人（マツダ マサト）第 9 章

　企業史料協議会理事
　　慶應義塾大学商学部卒業後、味の素株式会社にて本社企画部

翻訳者プロフィール

門、福岡支店、インドネシア味の素株式会社役員などに従事。次いで関係子会社の株式会社アジツウに出向し、常務、社長を歴任。2007年の定年までの4年間を本社広報部、社史編纂担当部長と「味の素 食とくらしの小さな博物館」館長を兼務。

宮本 隆史（ミヤモト タカシ）第10章

東京大学大学院総合文化研究科博士課程、日本学術振興会特別研究員DC

　著作に「植民地統治と監獄制度」（『南アジア研究』19号、2007年）、「19世紀英領海峡植民地における監獄制度、1820-70年代」（『年報地域文化研究』10号、2007年）、『デジタル・ヒストリー　スタートアップガイド』（風響社、2011年）。

森本 祥子（モリモト サチコ）第7章

学習院大学大学院人文科学研究科アーカイブズ学専攻助教、全国歴史資料保存利用機関連絡協議会（全史料協）大会・研修委員

　1991年お茶の水女子大学文教育学部史学科卒業、1993年同修士課程修了、1994年ロンドン大学ユニバシティ・カレッジ大学院アーカイブズ学修士課程修了。自治体文書館非常勤、国立国語研究所研究員を経て、2009年より現職。著作に「これからのアーキビスト養成の課題についての一考察」（『学習院大学文学部研究年報』56、2010年）など。

安江 明夫（ヤスエ アキオ）第14章

企業史料協議会副会長、学習院大学大学院アーカイブズ学専攻非常勤講師

　1969年国際基督教大学卒業後、国立国会図書館勤務。同館関西館長、副館長などを歴任後、2006年退職。専門は図書館・アーカイブズの保存管理。著作などに『資料保存のための代

替』（監修）（日本図書館協会、2010年）、「文化資源機関の保存マネジメント」（『図書館・博物館・文書館の連携』勉誠出版、2010年、所収）ほか。

矢野 正隆（ヤノ マサタカ）第11章

東京大学経済学部資料室特任助教

　京都大学大学院文学研究科（東洋史学）修了。2006年より東京大学経済学部資料室に勤務。著作などに、末成道男編『ベトナム 文化人類学文献解題』（編集）（風響社、2009年）、「資料保存」（『図書館界』61（5）、2010年）ほか。

渡邉 美喜（ワタナベ ミキ）第5章

東京国立近代美術館企画課研究補佐員

　美術館学芸員を経て、2011年3月学習院大学大学院人文科学研究科アーカイブズ学専攻博士前期課程修了。2011年4月より現職。著作に「百貨店美術部の活動を記録する─髙島屋美術部を事例に─」（『アート・ドキュメンテーション研究』No. 18、2011年）。「奥谷博略年譜」「奥谷博主要参考文献目録」などの編纂（『奥谷博展』高知県立美術館他、2007年）ほか。

編者紹介

公益財団法人渋沢栄一記念財団
実業史研究情報センター
http://www.shibusawa.or.jp/

実業史研究情報センターは、渋沢栄一を中心としてその時代背景や現代的意義をも視野に入れつつ、「資料」と「情報」を切り口に様々な情報資源を開発しており、「実業史錦絵絵引」「渋沢栄一関連社名変遷図」「企業史料ディレクトリ」などをウェブ上で提供している。ビジネス・アーカイブズの振興は渋沢栄一が唱えた「道徳経済合一主義」を実現する一手段と考えられることから、センターは、民間の企業・団体におけるアーカイブズ、記録管理分野でのベストプラクティスの紹介と、アーカイブズ・記録管理の普及・振興全般を目的として、メールマガジン「ビジネス・アーカイブズ通信」の発行やシンポジウムの開催などの活動を行っている。

世界のビジネス・アーカイブズ
―― 企業価値の源泉

2012年3月26日　第1刷発行

編　集／公益財団法人渋沢栄一記念財団
　　　　　実業史研究情報センター
発行者／大高利夫
発　行／日外アソシエーツ株式会社
　　　　　〒143-8550 東京都大田区大森北1-23-8 第3下川ビル
　　　　　電話 (03)3763-5241(代表)　FAX(03)3764-0845
　　　　　URL http://www.nichigai.co.jp/
発売元／株式会社紀伊國屋書店
　　　　　〒163-8636 東京都新宿区新宿3-17-7
　　　　　電話 (03)3354-0131(代表)
　　　　　ホールセール部(営業)　電話 (03)6910-0519

　　　　　組版処理／日外アソシエーツ株式会社
　　　　　印刷・製本／光写真印刷株式会社

Ⓒ 公益財団法人渋沢栄一記念財団 2012
不許複製・禁無断転載　　《中性紙H-三菱書籍用紙イエロー使用》
〈落丁・乱丁本はお取り替えいたします〉
ISBN978-4-8169-2353-1　　　　　**Printed in Japan, 2012**

図書館活用術 新訂第3版
―情報リテラシーを身につけるために

藤田節子 著　A5・230頁　定価2,940円（本体2,800円）　2011.10刊

インターネット社会では、あふれる情報から求める内容を探索・理解・判断・発信する「情報リテラシー」能力が求められる。『新訂 図書館活用術』（2002.6刊）を最新の図書館の機能にあわせて改訂、情報リテラシー獲得のための図書館の利用・活用法を徹底ガイド。豊富な図・表・写真を掲載、読者の理解をサポート。用語解説、索引つき。

インターネット時代のレファレンス
―実践・サービスの基本から展開まで

大串夏身・田中均 著　A5・230頁　定価2,415円（本体2,300円）　2010.11刊

レファレンスの基礎から組織として安定したサービスを展開する方法まで、公共図書館に期待されているサービスがわかる図書館員のための指南書。調べ方の実例として「チャートで考えるレファレンスツールの活用」を掲載。

図書館で使える 情報源と情報サービス

木本幸子 著　A5・210頁　定価2,310円（本体2,200円）　2010.9刊

情報の宝庫・図書館の「情報源」「情報サービス」の特性を知り、上手に活用するための解説書。図書館の実際と特色を種類ごとに整理し、豊富な図表・事例をまじえて紹介。理解を助ける実践的な演習問題付き。

CD-ROMで学ぶ 情報検索の演習 新訂3版

田中功・齋藤泰則・松山巌 編著

A5・90頁（CD-ROM1枚付き）　定価2,415円（本体2,300円）　2008.8刊

司書課程・司書講習の必須科目「情報検索演習」に最適なテキスト。検索のための基礎知識および演習問題を掲載した冊子と、演習用のデータベース4種（人物略歴情報、図書内容情報、雑誌記事情報、新聞記事原報）を収録したCD-ROMとで構成。

データベースカンパニー
日外アソシエーツ　〒143-8550　東京都大田区大森北1-23-8
TEL.(03)3763-5241　FAX.(03)3764-0845　http://www.nichigai.co.jp/